講義再現版

伊藤真［著］

伊藤真の
会社法入門

The Guide to Companies Act
by Makoto Itoh.
The first edition

日本評論社

......はしがき

　有名な企業が不祥事を起こして、連日のようにニュースで取り上げられることがあります。不祥事を起こしてしまった原因は、利益を追求するためだったり、一部の人間が私腹を肥やすためだったりとさまざまです。このような不祥事を防止するために、コンプライアンスの重要性が説かれています。コンプライアンスとは、法令遵守と訳されており、企業がルールを守って公正・公平に業務を遂行することを意味します。

　企業が守るべきルールにもさまざまなものがありますが、もっとも重要なルールを定めているのが会社法です。会社法は、会社の作り方や機関構成、運営のための仕組みなど、会社の基本となるルールを定めています。もっとも、会社法には、多くの規定がおかれており、全部で979条もあります。また、１つひとつの条文も複雑なものが多いです。会社法に関する書籍は多数ありますが、いきなり分厚い専門書に手を出してしまうと、内容がさっぱりわからずに嫌になってしまうでしょう。

　本書は、これから会社法を学ぶにあたり、ポイントを短時間でマスターできるようにメリハリをつけて会社法の全体像を示しています。難しい部分では具体例をあげて、具体的な状況をイメージしながら勉強できるように工夫しています。また、図表をふんだんに入れて、視覚的にもわかりやすいテキストを目指しました。

　本書を手に取った理由は、試験勉強のためだったり、仕事上で必要に迫られてだったり、あるいは純粋な知的好奇心から、会社法を学ぼうと思ったのかもしれません。そのような皆さんが効率的に会社法の学習を進められることが本書の目的です。まずは本書で会社法の全体像を把握してください。その後、より関心をもった部分を掘り下げて学習すると良いと思い

はしがき......i

ます。

　試験対策として会社法を学ぶに場合にも、導入として本書は最適だと思います。司法試験の出題範囲をとってみても、会社法、商法総則・商行為、手形法・小切手法という3つの分野があり、このうち会社法に関する出題が多いのですが、本書は会社法の解説部分に紙面を多く割いています。また、商法総則・商行為と手形法・小切手法についても、本書を読めば全体像が把握できるようになっていますので、安心して読み進めてください。

　それでは、会社法を勉強する際に気をつけるべきことを少し述べておきましょう。

民法と憲法を生かす

　会社法を含む商法は、民法の特別法です。本書でも、会社が取引をする場面を具体例としてあげながら説明する部分が多数あります。そのため、会社法は民法をある程度勉強した後に学んだほうが、効果的に学習できます。民法は私法の基本法なので民法上の重要な概念がそのまま会社法の理解に必要になることがあるためです。法律の勉強がまったく初めてという場合は、本書のシリーズで『伊藤真の民法入門』（日本評論社）を利用して民法の全体像をつかんだあとに本書を利用すると、会社法の理解も格段に早くなると思います。

　また、会社法では、憲法の統治部分の考え方が非常に役に立ちます。国会、内閣、裁判所が、ちょうど株主総会、取締役会、監査役に対応するからです。そして、その株式会社の中のさまざまな問題点は、まさに憲法で国会や内閣や裁判所のところで学ぶものとほとんど同じなのです。憲法についても『伊藤真の憲法入門』（日本評論社）をざっと読んでおいていただくと会社法の組織の問題点が体系的にわかってくると思います。

　このように、会社法を効率的に勉強するという観点からは、民法や憲法

の知識をうまく利用することが重要です。

はじめはメリハリをつける

　会社法を含む商法の分野は量が多いものですから、たとえ浅く勉強する
にしても、これをまんべんなく全部やろうとしたら時間がどれだけあって
も足りません。したがって、重要な部分をまずしっかりとマスターすると
いうメリハリをつけた勉強をすることが大切です。具体的には、会社法で
はまず、株式会社の株式と機関の部分をしっかり理解してください。商法
総則・商行為は、商人概念と商行為概念を理解するようにしましょう。有
価証券法では、約束手形の振出、裏書、支払をしっかり理解してください。

　こうして商法分野の骨組みをしっかりと理解してから少しずつ学習範囲
を広げていくことになります。そして試験対策として会社法を考えた場合、
やはり条文を重視していかなければなりません。本書でも条文を随所に引
用していますが、これは会社法では必要な条文が適切に引けてその意味が
わかれば勉強の7割は済んだも同然だからです。

対立利益を明確にする

　会社法を勉強する際には対立利益を明確にすることがとても重要です。
というのは、たとえば会社法の場合は民法と違って、利害関係人が多く登
場します。民法では、売主と第三者の2人の利益を静的安全と動的安全と
いうことで調整すればよかったのですが、会社法では、株主の利益、会社
債権者の利益、会社自身の利益、取引の相手方の利益、一般大衆の利益と
5つの利益の対立を調整しなければなりません。よって、場面ごとに誰の
どんな利益が対立しているのかを具体的に検討していくことがとても重要
なのです。これから勉強を進めていく上でこうした対立利益をしっかりと
意識してどうして問題が生じるのかを自分なりに考えてみることです。結

はしがき……iii

局、法律はいかに対立利益の調整を図るか、それをどう説明するかというものですから、まず、どんな利益が対立しているかを理解することは会社法の勉強においてもとても重要なのです。

理論と実践をともに知る

会社法はもっとも実務で重要な法律のひとつです。そして、実務の現実の運用が教科書に書いてあることとは違うことが多い法律です。実務を知らない学生の方はまず、理論を勉強してそれから実務の世界を知ることになりますが、現場ではどんなことが問題になっているのか今のうちから興味をもっておくことも必要でしょう。その参考になるようにコラムで実務的な問題や一歩進んだ問題を紹介しています。

また、逆に社会人の方は実務は知っているけれども理論的な根拠があやふやということがあるかもしれません。この本は実務の運用のマニュアルではありませんので、実際に運用されていることよりもその背景にある理論的な説明を中心に紹介しています。法的なバックグラウンドを理解し自分なりに確立しておいた方が、日々の実務の運用において自信をもってことにあたることができると思います。理論と実践をバランスよく学ぶことが法律を使いこなすには必要なのです。

そもそも、法律は世の中を円滑にするための道具にすぎません。一度成立したらそれを絶対に死守しなければならないというような硬直したものではありません。不都合が生じたら改正すればいいのです。自分なりに柔軟に考えてかまわないのです。自分の主張を正当化し相手を説得するための道具が法律ですから、まさに使い方しだいで有効な武器にもなり、自分や会社、社会を守る手段にもなります。

会社法というもっとも実践的な法律の理論面を理解し、効果的な使い方ができるように本書を学習の最初のステップとして有効に活用していただ

ければ幸いです。

2019年8月

　　　　　　　　　　　　　　　　　　　　　伊藤　真

　　　　　　　　　　　　　伊藤塾ホームページ

はしがき……v

伊藤真の会社法入門

目　次

はじめに………1

第1部…会社法

Ⅰ　会社の意義と種類………10

❶会社の意義………10

(1) 営利性………10

(2) 社団性………11

(3) 法人性………12

❷会社の種類………13

コラム　有限会社はなくなった？………13

❸直接責任と間接責任………14

❹有限責任と無限責任………15

❺各種会社の比較………17

(1) 合名会社………17

(2) 合資会社………17

(3) 合同会社………18

(4) 株式会社………19

❻株式会社と持分会社………20

コラム　会社は誰のもの？………22

❼社員の地位………24

Ⅱ　株式会社………26

❶株式会社の設立………26

(1) 会社の設立と設立中の会社………26

⑵ 設立の手続………29

❷株式の意義………33

❸社員の有限責任………37

❹資本金制度………37

⑴ 効率と公正………37

コラム　日本初の株式会社………38

⑵ 資本金制度………41

⑶ 株式と資本金………43

❺資本の諸原則………45

⑴ 資本充実の原則………45

⑵ 資本維持の原則………46

⑶ 資本不変の原則………48

⑷ 資本確定の原則………49

❻株主の権利と株主平等の原則………49

⑴ 株主の権利………49

⑵ 株主平等の原則………51

⑶ 株式の内容と種類………52

コラム　株主優待でゆったり生活？　………53

❼投下資本の回収………54

⑴ 回収の方法………54

⑵ 払戻しは可能か………56

⑶ 株式譲渡自由の原則………56

⑷ 株式譲渡自由の原則の例外………60

コラム　株券がなくなった………63

❽自己株式………64

❾株主名簿………65

❿会社の機関とその役割………66

　⑴ 株主総会………67

　コラム　株主提案権………71

　⑵ 取締役会………78

　コラム　コンプライアンスと内部統制………81

　⑶ 取締役………82

　コラム　経営判断の原則………91

　⑷ 代表取締役………92

　⑸ 会計参与………98

　⑹ 監査役・監査役会………99

　⑺ 会計監査人………104

　⑻ 指名委員会等設置会社………105

　⑼ 監査等委員会設置会社………107

　⑽　機関設計のまとめ………111

⓫資金調達………114

　⑴ 社債の発行………116

　⑵ 募集株式の発行等………117

　⑶ 社債と株式との違い………118

　⑷ 株主の経済的利益………118

　コラム　ベンチャーキャピタル………120

　⑸ 株主の持株比率維持の利益………121

　⑹ 募集株式の発行等の差止め………123

　⑺ 新株予約権………123

⓬計算………124

　⑴ 計算とは………124

x

コラム　敵対的買収と買収防衛策………125

(2) 剰余金の配当………128

❸定款の変更………131

❹解散および清算………132

Ⅲ　持分会社………134

❶持分会社に共通する特徴………134

❷合名会社………134

❸合資会社………135

❹合同会社………135

Ⅳ　組織再編………136

❶会社の組織変更………136

❷合併………137

❸会社分割………138

❹株式交換・株式移転………139

コラム　株式交付………140

❺親子会社………141

Ⅴ　まとめ………143

第2部…商法総則・商行為

Ⅰ　商法総則………148

❶商法総則と会社法総則との関係………148

❷商号………148
  (1) 商号の意義………149
  (2) 名板貸人の責任………149
  (3) 会社法における名板貸人の責任………151

❸商業登記………151
  (1) 商業登記の意義………151
  (2) 商業登記の効力………152

❹使用人………155
  (1) 支配人………156
  (2) 表見支配人………158

❺営業譲渡………159

Ⅱ　商行為法………162
  ❶民法の特則………162
  ❷商人………163
  ❸商行為………165
    (1) 絶対的商行為と営業的商行為………165
    (2) 擬制商人………167
    (3) 附属的商行為………169

Ⅲ　まとめ………170

第3部…有価証券法
  Ⅰ　有価証券とは………174
    ❶有価証券の意義………174

xii

❷有価証券の目的………175

❸有価証券の種類………177

(1) 約束手形………178

コラム　不渡処分の実務………180

(2) 為替手形………181

(3) 小切手………182

(4) その他の有価証券………182

❹有価証券の性質………183

(1) 無因証券性………183

(2) 設権証券性………185

(3) 文言証券性………185

(4) 要式証券性………186

(5) 呈示証券性………188

(6) 受戻証券性………188

Ⅱ　手形の振出………189

❶手形上の権利の発生から消滅まで………189

❷手形理論………191

❸手形行為………193

Ⅲ　手形の譲渡方法──裏書………195

❶裏書の方式………195

❷裏書の効力………195

(1) 権利移転的効力………195

(2) 担保的効力………196

(3) 資格授与的効力………197

目　次……xiii

コラム　回り手形………198

Ⅳ　善意者保護の制度………199

❶善意取得………199

コラム　手形の盗難・紛失………200

❷手形抗弁………201

Ⅴ　支払………205

Ⅵ　まとめ………207

あとがき………209

……はじめに

　「商法」とは、どのような法律なのでしょうか。まず、その全体像をおおまかにみてみましょう。

　商法には、形式的意義の商法と実質的意義の商法と2つの意義があります。形式的意義の商法とは、商法という名前の付けられた法律を意味するにすぎませんから、ここからお話するのは、実質的意義の商法についてです。

　そして、実質的意義の商法は、一般に、企業に関する法といわれています（企業法説）。企業といっても小さな個人企業から大企業まで、営利を目的として経済活動を行う主体すべてを含みます。企業が発展するためには、効率よく利潤を追求できる環境が必要です。しかし、他人に迷惑をかけてまで、利潤を追求されたのでは困ります。そこで、企業の発展とは、公正な発展でなければなりません。このように、企業の発展には、効率と公正とが求められるのです。これは、合理化と適正化との調整の問題と言い換えることもできるでしょう。商法を勉強するに際しては、常に、合理化と

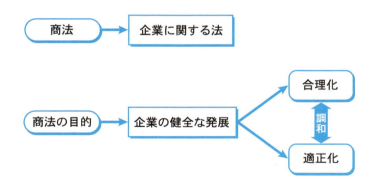

キーワード 企業
本書は、実質的意義の商法について、企業法説という通説の立場を採用する。そして、企業法説によれば、企業とは、一定の計画に従い継続的意図をもって営利行為を実現する独立の経済単位をいう。

適正化という視点を意識しなければなりません。

　たとえていえば、合理化とは、自動車のアクセルのようなものです。これに対して、適正化とはブレーキです。企業という自動車が、曲がりくねった山道を早くかつ安全に登りきるためには、アクセルとブレーキとをバランスをとりながら、上手く使い分ける必要があるのです。

　つまり、商法の目的は、企業の健全な発展ということができるのです。

　商法には、会社法、商法総則・商行為法、有価証券法の３つの主要な分野があります。

　会社法は、2005（平成17）年に大幅な改正を受けました。従来は、商法の中に会社に関する規定がおかれ、更に有限会社法という特別法も規定さ

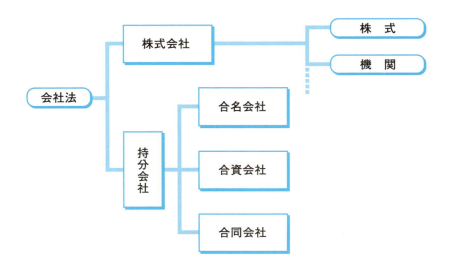

れていました。この改正は、商法の中から会社に関する規定を独立させ、会社法という独立の法律とした上で、有限会社制度を廃止して会社法に取り込むこととしました。会社法のなかでも、特に重要なのは株式会社です。そのなかでも、株式と機関とは特に重要ですから、よく理解してください。

次に、有価証券法は、手形法と小切手法とから構成されています。その中で重要なのは、約束手形です。そして、約束手形のなかでも、特に有価証券理論、振出、裏書、支払が大切なポイントになります。

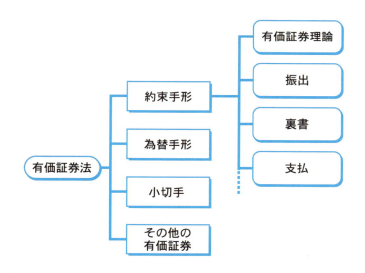

商法総則は、商人に関する総則的規律を定める法律です。これとは別に、会社法総則は、会社に関する総則的規律を定める法律です。従来は、同じ法律で規律していたのですが、この改正により、会社には独立した会社法が適用されることになったので、商法総則は個人商人にのみ適用される法律になりました。しかし、商法総則も会社法総則も大部分が重なっていますから、便宜上、商法総則のところで会社法総則もあわせて説明すること

はじめに……3

にします。

　商行為法は、個人商人にも会社にも適用されます。商行為とは、とりあえずは、商人間の取引行為と考えてください。商人間の取引行為ですから、民法が適用される一般私人間の取引に比べて、迅速性と簡易性が要求されています。

　この商法総則・商行為法の中で重要なのは、商号、商業登記、使用人、営業（事業）譲渡です。

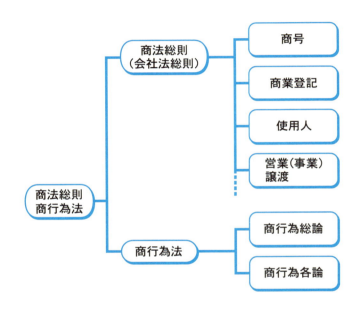

では、商法の条文の目次をみてください。

　商法総則は、この商法の第1編、つまり1条から32条までに規定されています。会社法総則は、会社法の第1編、つまり1条から24条までに規定されています。

有価証券法については、手形法第１編が為替手形で、第２編が約束手形です。先ほど、有価証券法の分野では、約束手形が重要といいました。でも、条文をみると75条から78条までですから、たった４条しかありません。これはどういうことでしょうか。

　手形法77条をみてください。

▶▶▶手形法77条

①　左ノ事項ニ関スル為替手形ニ付テノ規定ハ約束手形ノ性質ニ反セザル限リ之ヲ約束手形ニ準用ス

一　裏書（第11条乃至第20条）

二　満期（第33条乃至第37条）

三　支払（第38条乃至第42条）

四　支払拒絶ニ因ル遡求（第43条乃至第50条、第52条乃至第54条）

五　参加支払（第55条、第59条乃至第63条）

六　謄本（第67条及第68条）

七　変造（第69条）

八　時効（第70条及第71条）

九　休日、期間ノ計算及恩恵日ノ禁止（第72条乃至第74条）

②　第三者方ニテ又ハ支払人ノ住所地ニ非ザル地ニ於テ支払ヲ為スベキ為替手形（第４条及第27条）、利息ノ約定（第５条）、支払金額ニ関スル記載ノ差異（第６条）、第７条ニ規定スル条件ノ下ニ為サレタル署名ノ効果、権限ナクシテ又ハ之ヲ超エテ為シタル者ノ署名ノ効果（第８条）及白地為替手形（第10条）ニ関スル規定モ亦之ヲ約束手形ニ準用ス

③　保証ニ関スル規定（第30条乃至第32条）モ亦之ヲ約束手形ニ準用ス第31条末項ノ場合ニ於テ何人ノ為ニ保証ヲ為シタルカヲ表示セザルトキハ約束手形ノ振出人ノ為ニ之ヲ為シタルモノト看做ス

はじめに……5

為替手形に関する規定は、性質に反しない限り約束手形に準用すると規定されています。したがって、実は、約束手形の条文も為替手形と同じくらい存在しているのです。

　たとえば、為替手形の16条2項をみてください。

▶▶▶**手形法第16条2項**
②　事由ノ何タルヲ問ハズ為替手形ノ占有ヲ失ヒタル者アル場
　　合ニ於テ所持人ガ前項ノ規定ニ依リ其ノ権利ヲ証明スルトキ
　　ハ手形ヲ返還スル義務ヲ負フコトナシ但シ所持人ガ悪意又ハ
　　重大ナル過失ニ因リ之ヲ取得シタルトキハ此ノ限ニ在ラズ

　この条文は、手形法77条1項1号によって約束手形に準用されていますから、「為替手形」とされているところを「約束手形」と読み換えればいいわけです。これから、約束手形を中心にして説明しますが、いちいち77条で準用しています、とはいいません。ただ単に、16条2項をひいてくださいとか、17条をみてくださいとしかいいません。しかし、約束手形については77条や78条で準用していることを忘れないでください。

　では、約束手形の方が重要なのに、なぜ、先に為替手形について規定して、それを約束手形に準用するという面倒くさい構成になっているのでしょうか。

　為替手形というのは、もともとヨーロッパから伝来したものです。ジュネーブ条約という条約の名前を知っていますか。ジュネーブ条約は、各国共通の手形についての条約なのですが、日本の手形法の条文は、このジュネーブ条約を翻訳したものなのです。ヨーロッパでは、手形は、貿易のときの決済に利用されてきましたから、ジュネーブ条約も為替手形を中心として規定されているのです。これに対して、日本国内で流通している手形の99.9％は約束手形です。ここに、手形法が面倒くさい構成になっている

キーワード **ジュネーブ条約**
手形は国際的に流通するものであるから、実際上その国際的統一は極めて重要である。1930年にスイスのジュネーブにおいて手形法統一条約（1931年に小切手統一条約）が成立し、日本もこの条約に基づいて手形法、小切手法を制定した。

6

理由があるわけです。

　有価証券法では約束手形が重要ですが、約束手形の条文は為替手形の条文を準用する形で規定されているということを押さえておいてください。

　商法の勉強は、メリハリをつけてやることが重要です。なぜなら、商法の勉強範囲はこのように広範だからです。図書館に行くと、法律書の中で一番多いのは商法関係の本だと分かります。学者の先生が一番多いのも商法の分野です。そこで、まずは先ほどの大きな枠を頭においておいてください。これから、その内容を解説していきますが、もし読んでいる途中に難しくてわからなくなってしまったら、この「はじめに」まで戻ってきてください。膨大な商法の中のどのあたりの説明をしているのかを確認してみるとよいと思います。

　それでは、商法の内容の説明にいきましょう。

　会社法、商法総則・商行為、有価証券法の順番で説明していきます。

はじめに……7

第1部
会社法

Ⅰ 会社の意義と種類

Ⅱ 株式会社

Ⅲ 持分会社

Ⅳ 組織再編

Ⅴ まとめ

Ⅰ　会社の意義と種類

❶会社の意義

それでは、まずはじめに会社法を学んでいきましょう。

会社法は、共同企業形態の典型である会社に関する法律です。共同企業というのは、一定の計画に従って、継続的に営利行為を行う独立した経済単位のことです。これに対して、個人企業というのは、個人が出資、経営して、企業活動から生じた権利・義務は個人に帰属するような企業のことをいいます。

では、会社とは何でしょうか。旧商法では、会社は、営利社団法人と定義されていました（改正前商法52条、54条）。これに対して、会社法では、「会社は、法人とする」（会社法3条）という規定のみが残され、営利性や社団性を定める規定は削除されました。

しかし、会社法のもとでも、会社が営利社団法人であることに変わりはありません。会社が営利を目的とすることや、社団であるということは、あえて条文で明記する必要がないと考えられて会社法からは削除されましたが、営利社団法人という会社の性質は会社法においても変わっていません。

では、営利性、社団性、法人性とは、どういう意味なのでしょうか。

（1）営利性

まず、営利性とは、簡単にいうとお金儲けを目的にしているということです。会社は、商品を作ったり、それを売ったりして、さまざまな事業活動を行い、それによってお金儲けをすることを目的にしているのです。そして、会社の営利性のもう1つ重要な要素として、儲けた利益を構成員に

分配するというものがあります。たとえば、株式会社では、儲けた利益の分配は、剰余金の配当や残余財産の分配という形で行われます。このような営利性は会社の本質であり、剰余金の配当と残余財産の分配をまったくしない会社は認められません（105条2項）。これについては後で詳しくお話します。とりあえず、営利性とは、お金儲けをして、その儲けた利益を構成員に分配することだと思っておいてください。

(2) 社団性

次に、社団とは、人の集まりということです。会社は、人の集まりでなくてはならないということです。これに対して、財団というものもあります。こちらは、財産の集まりということです。Aさんが亡くなった後、Aさんの功績を残すために遺産を基に美術館を作って運営していくといったように、寄附者の帰属を離れて一定の目的のために管理・運用される財産の集合体を財団といいます。一般財団法人については「一般社団法人及び一般財団法人に関する法律」に規定があります。

社団を構成する人のことを社員といいます。ここで気をつけていただきたいのは、日常用語でいう社員とは意味あいが違うということです。どういうことかというと、社団の構成員としての社員とは、会社の出資者のことをいいます。株式会社でいえば、株主のことです。日常用語でいう従業員という意味あいではないので、注意しましょう。

さて、社団とは人の集まり、すなわち出資者の集まりです。では、社員（出資者）が1人しかいない場合には、社団といえるでしょうか。社員（出資者）が1人しかいない会社を一人会社といい、一人会社が認められるかが問題となります。

一般に、一人会社であっても、社員（出資者）が持分を第三者に譲渡すれば社員が複数になる可能性があることから、潜在的に社団性があると認

I　会社の意義と種類……11

められています。もっとも、後で説明する持分会社のうち合資会社については、無限責任社員と有限責任社員がそれぞれ1人以上存在しなければならないため、一人会社は認められないことになります。

（3）法人性

　法人とは、自然人以外で権利能力の主体となりうるもののことをいいます。わかりにくいかもしれませんが、要するに、会社の名前で取引を行ったり、土地の登記ができたりするということです。会社自身が権利を有したり義務を負ったりできるので、会社の取引や活動が、とてもスムーズで簡便に行えるようになります。

　もっとも、会社自身が権利や義務の主体となることができること（法人格）を悪用することは許されません。たとえば、Aさんは、Bさんに対して多額の借金があるため、いつ自宅がある不動産（便宜上、甲とします。）を差し押さえられてしまうか不安でした。株式会社を設立する方法には、お金以外の財産を出資する方法（現物出資）があります。そこで、Aさんは、自宅の差押えを回避するために、甲を出資して株式会社A′を設立しました。このような場合に、甲の所有者は株式会社A′であってA個人ではない、として差押えができないとするのは不合理です。

　そこで、このように法人格を形式的に貫くことが正義公平に反するような場面については、例外的に、法人格の独立性が否定され、法人と社員とを同一視することができるとされています。このような法理を法人格否認の法理といいます。法人格否認の法理は、法人格が法律の適用を回避するために濫用されるような場合（濫用事例）と、法人格がまったくの形骸にすぎない場合（形骸化事例）に適用されます。

　以上のように、会社とは、お金儲けを目的とした人の集まりで、権利義務の主体となりうるもののことをいいます。

❷会社の種類

会社の種類に関しては、会社法により改正されました。

旧商法のもとでは、株式会社、有限会社、合名会社、合資会社と、4つの種類の会社が認められていました。これに対して、会社法では、株式会

有限会社はなくなった？

2005（平成17）年の会社法制定に伴い、有限会社法が廃止され、有限会社の制度がなくなりました。しかし、世間ではまだ有限会社が多数存在します。これはどういうことなのでしょうか。

会社法制定によってそれまで存続していた百数十万社にのぼる有限会社が消えてなくなるわけではありません。あくまでも新たに有限会社設立ができなくなったということです。

会社法の施行時にすでに設立されている有限会社は、定款変更や登記申請等の特段の手続をせずに、会社法施行後は会社法上の株式会社として存続するものとされています（会社法の施行に伴う関係法律の整備等に関する法律〔以下、整備法という。〕2条1項）。このような会社は特例有限会社とよばれ、「有限会社」の文字を商号中に用いることになっています。そのため、今なお有限会社をよく

見かけることになるのです。

しかし、中小企業が圧倒的多数を占める現状を考えると、会社法施行後も有限会社法の規律の実質を維持する必要があります。そこで、たとえば、取締役の任期の最長限度を不要とし（会社法332条2項、整備法18条）、決算書の公告を不要とする（会社法440条、整備法28条）、などの手当てがなされています。

もちろん、有限会社は株式会社へ移行することもできます。会社法では、有限会社を株式会社に変更する手続が、改正前商法よりも簡単になっています。最低資本金制度がなくなったので、資本の増資をしなくても、商号変更だけで株式会社に変更できるのです。商号変更の手続をする手間やコストをかけてでも株式会社としての信用性を得ようとするのであれば、今後有限会社は減っていくかもしれません。

I 会社の意義と種類……13

社と有限会社が１つの会社の種類として統合されました。また、新たに合同会社という形態の会社が新設されました。すなわち、会社法のもとでは、株式会社、合名会社、合資会社、合同会社という４つの種類の会社が認められたということです。２条１号をみてください。

> ▶▶▶第２条
> 一　会社　株式会社、合名会社、合資会社又は合同会社をいう。
> 〈二以下　略〉

　このうち、合名会社、合資会社、合同会社は持分会社と総称され、会社法第３編でまとめて規定されています。

　これからは、主として株式会社について勉強していきます。

❸直接責任と間接責任

　ここから、今お話した４つの会社の違いについて説明しますが、その前に、直接責任と間接責任という概念について触れておきます。

　直接責任とは、社員が、会社債務について、会社債権者に対して、直接弁済義務を負うことをいいます。会社債権者が、社員に対して会社債務の履行を請求してきたら、社員はその請求に応じなければなりません。たとえば、「あなたは○○合名会社の社員なのですから、私が会社に貸した100万円を返してください」と言われたら、あなたは100万円を弁済しなくてはなりません。

　これに対して、間接責任とは、社員が、会社債権者に対して、出資を通じた間接的な責任しか負わないことをいいます。先ほどの例でいえば、会社債権者は、あなたに直接100万円を返すように請求することはできません。仮に、会社債権者が会社から100万円の弁済を受けた場合、その中にはあなたが出資したお金も含まれているので、あなたは、会社債権者に対して、出資を通じて間接的に責任を負ったことになるということです。

14……第１章　会社法

以上が、直接責任と間接責任との違いです。これからお話しする社員の
責任にも関係してくる重要な概念なので、しっかり押さえておいてください。

❹有限責任と無限責任

　さて、先ほどの4つの会社の違いを考える上で重要なのが、有限責任と
無限責任という概念です。そこで次に、この概念について勉強していきま
しょう。

　会社は、それ自体が権利義務の帰属主体になりますから、会社自身が独
立した取引の主体になります。したがって、会社の債務については、取引
主体である会社自身が履行する義務を負います。たとえば、皆さんが切符
を買って JR 電車に乗るとき、皆さんは、駅員さん個人から切符を買って
電車に乗せてもらっているのではなく、JR という会社から切符を買って
電車に乗せてもらっているのです。すなわち、JR という会社が、独立した
取引主体となって皆さんと契約しているのです。このように、会社自身が
独立して契約の主体となり、会社自身が債務を負担するのです。

　そして、有限責任・無限責任というのは、この会社債務について、出資
者である社員が、取引の相手方である会社債権者に対して、どの範囲の責
任を負うのか、ということなのです。会社債務についての社員の責任の態
様に、有限責任と無限責任という、2つの異なる責任の態様があるという
ことです。

　無限責任というのは、会社債務について社員の負う弁済責任が無限とい
うことです。会社が負った債務について、出資者である社員が、自分の財
産をもって弁済にあたらなければならないということです。たとえば、会
社が、銀行から借金をしたのですが、その後ほどなくして会社が潰れてし
まい、この借金が返せなくなったとします。このとき、その会社の社員は、
会社の債務である借金を、みずからの財産をもって銀行に返済しなければ

Ⅰ　会社の意義と種類……15

なりません。これが無限責任です。

　これに対して、有限責任というのは、社員の責任に一定の限度があるということです。たとえば、会社が１億円の借金をかかえて倒産したとしましょう。このとき、無限責任の場合は、その会社の社員は、１億円全額について、みずからの財産をもって責任を負うことになります。これに対して、有限責任の場合は、社員は、自分が会社に出資したお金が戻ってこないというだけで、更に会社債権者に対して１億円の借金を返済する責任を負うことはありません。これを、責任が出資額の範囲に限定されているという意味で、有限責任といいます。

　このように、有限責任と無限責任との違いは、出資者が出資額の限度で責任を負うのか、それともそれ以上の範囲で責任を負うのかの違いです。

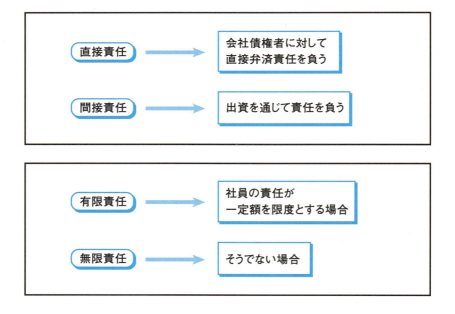

16……第1章　会社法

そして、前にあげた4つの会社は、社員の責任がそれぞれ違います。各種会社別にみていきましょう。

❺各種会社の比較

（1）合名会社

576条2項をみてください。

▶▶▶第576条

〈①　略〉

② 設立しようとする持分会社が合名会社である場合には、前項第5号に掲げる事項として、その社員の全部を無限責任社員とする旨を記載し、又は記録しなければならない。

〈③以下　略〉

このように、合名会社は、無限責任社員のみで成り立っています。また、無限責任は直接責任の場合にのみ問題となることから、合名会社の社員は、全員直接責任社員です（580条1項）。社員が直接無限責任を負うということは、お互いの信頼関係がよほど強くなければできません。そのため、合名会社は、家族や仲間内で構成されていることがほとんどであり、人的関係が強く、小規模で閉鎖的な会社なのです。合名会社は、人的関係が緊密な、小規模で閉鎖的な会社だと覚えておいてください。

（2）合資会社

次に、576条3項をみてください。

▶▶▶第576条

〈①②　略〉

③ 設立しようとする持分会社が合資会社である場合には、第

キーワード　**合名会社**
無限責任社員、すなわち会社債務につき会社債権者に対し直接連帯無限の責任を負担する社員（576条2項、580条1項）のみからなる会社をいう。

I　会社の意義と種類……**17**

　　　　1 項第 5 号に掲げる事項として、その社員の一部を無限責任

　　　　社員とし、その他の社員を有限責任社員とする旨を記載し、

　　　　又は記録しなければならない。

　　〈④　略〉

　合資会社には、有限責任社員と無限責任社員の 2 種類の社員がいます。そして、いずれの社員も、会社債権者に対して直接責任を負います（580条）。

　社団性のところで説明したとおり、合資会社には無限責任社員と有限責任社員がそれぞれ 1 人以上存在しなければなりません。そのため、合資会社の場合は、一人会社が認められないことになります。

(3) 合同会社

576条 4 項をみてください。

▶▶▶第576条

　〈①～③　略〉

　　④　設立しようとする持分会社が合同会社である場合には、第

　　　　1 項第 5 号に掲げる事項として、その社員の全部を有限責任

　　　　社員とする旨を記載し、又は記録しなければならない。

　合同会社の社員は、全員有限責任社員です。もっとも、合資会社の有限社員と異なり、間接責任を負うにすぎません（578条）。

　合同会社は、会社法で新たに新設された会社類型です。旧商法では、業務執行権を有する社員は、無限責任社員にかぎられていました。しかし、会社法においては、有限責任社員も業務執行社員となることができるようになりました（590条 1 項）。

　このような合同会社の大きなメリットは、社員全員の有限責任を確保し

キーワード 合資会社

無限責任社員と、有限責任社員——会社債権者に対し直接連帯責任を負う点は無限責任社員と同じであるが、出資額を限度とする有限責任を負うにすぎない（580条 2 項）——とからなる二元的組織の会社をいう（576条 3 項）。

18……第 1 章　会社法

つつ、内部ルールを組合と同じように自由に定めることができるというところにあります。つまり、有限責任というメリットを享受しながら、人的つながりをも重視することができるのです。そのため、少人数での起業などに向いた会社形態として期待されています。

(4) 株式会社

104条をみてください。

> ▶▶▶第104条
> 株主の責任は、その有する株式の引受価額を限度とする。

　株式とは、とりあえず、株式会社の社員であることをあらわす言葉だと思っておいてください。後でまた詳しくお話します。株式会社には、無限責任社員はいません。有限責任社員のみです。そして、全員間接責任を負うにすぎません。

　株式会社の社員は、出資した額の限度でしか責任を負いません。そのため、あらかじめリスクがわかり、安心して出資できるのです。たとえば、50万円余っているから株でも買ってみようかといった気軽さで、株主になることができるのです。証券取引所では毎日株の売買をしていますが、株を買うということは、その会社の社員になるということで、反対に、売るということは、その会社の社員をやめるということです。そして、仮にその会社が倒産しても、株主は、出資した50万円が戻ってこないという損失ですみ、それ以上に責任を追及されることはありません。株式会社は、このような有限責任社員のみで構成されるのです。

　そして、会社法は、株主の責任を間接責任としています。これは、株主の責任が有限である以上、会社債権者としては、個々の株主に請求するより会社に対して請求する方が手っ取り早くて合理的だからです。したがっ

キーワード 合同会社
株式会社の株主と同様、出資者の全員が有限責任社員であるが（576条4項）、内部関係については民法上の組合と同様の規律が適用される会社。

Ⅰ　会社の意義と種類……**19**

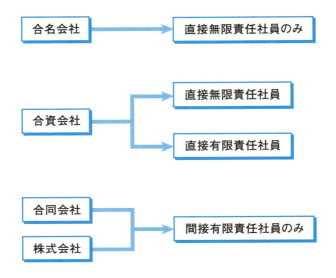

て、株主の間接責任は、株式会社の基本的特性というよりも、法技術的な要請に基づくものといえます。株式会社については、後でまた詳しく説明します。

このように、株式会社と合同会社とは間接有限責任社員のみで構成され、合名会社は直接無限責任社員のみで構成されます。そして、合資会社は、直接有限責任社員と直接無限責任社員の両者によって構成されます。そして、このような社員の責任態様の違いが、社員の投下資本の回収方法や会社債権者保護の態様など、会社法のさまざまな場面で具体的な違いとなってあらわれてきます。これらについては、後でまた詳しく説明します。

❻株式会社と持分会社

会社法では、今お話した4つの会社を、株式会社と持分会社（合名会社、合資会社、合同会社）とに大きく分けて規定しています（第2編株式会社、

キーワード 株式会社
各自が有する株式の引受価格を限度とする有限の間接責任（104条）を負うにすぎない社員——株主という——のみからなる会社をいう。

第3編持分会社)。

　先ほど、4つの会社の特徴を、社員の責任の違いからそれぞれ説明しましたが、根本的な違いという大きな視点で分けると、株式会社とそれ以外の会社である持分会社とに分類されます。

　株式会社は、たくさんの人からお金を集めて、大規模な事業を行うことを予定した共同企業形態です。そのための方策として、社員の地位が株式という形で表されており、それゆえに株式会社といいます。そして、たくさんの人から出資を集めることを予定していますから、社員である株主がたくさん存在します。そのため、社員である株主全員で会社経営を行うことは困難です。また、株主は通常、株式の売買や配当などによってお金儲けをすることを目的としていて、会社経営などにはあまり関心がありません。そこで、出資者である株主は業務執行権がなく、会社経営は取締役に任せられています。このように、出資者としての地位（株主）と経営者としての地位（取締役）とが分離されていることを、所有と経営の制度上の分離といいます（326条1項）。会社の実質的所有者は、お金を出資した株主ですが、実際には、会社経営は経営の専門家である取締役に原則として委ねられているということです。これについては、株式会社の章で詳しく説明します。

　これに対して、持分会社は、人的関係が緊密な比較的少人数の社員が、みずから会社の経営を行うことを予定した共同企業形態です。家族や親戚などごく少数の親しい人たちが集まって、自分たちで出資して、自分たちで経営する、そんな会社です。社員の地位が持分という形で表されるので、持分会社といいます。そして、持分会社の社員は、その責任の有限・無限にかかわらず、原則として全員に業務執行権があります（590条1項）。少人数の共同企業形態なので、出資者である社員全員で会社経営を行うということが可能なのです。このように、持分会社では、出資者、つまり会社の実質的な所有者である社員が会社経営を行うので、所有と経営が一致しています。

　このように、株式会社と持分会社とでは、会社の法的な機構に根本的な違いがあるのです。

Ⅰ　会社の意義と種類……21

会社は誰のもの？

　株主は、会社の出資者です。そのため、株主は、会社の実質的所有者といわれます。そして、株式会社は、事業活動を通じて利益を上げ、剰余金の配当によって株主に利益を分配することを目的としています。

　このことからすれば、株式会社は、その実質的所有者である株主のために事業活動を行い、株主に分配する利益を最大化するべきだといえます。このような考え方は、株主至上主義とよばれます。

　アメリカでは株主至上主義の考え方が主流であり、アメリカの投資家は株主資本利益率（ROE）を重視します。株主資本利益率とは、株主資本（会社の純資産）に対する当期純利益の割合をいいます。要するに、株式会社が株主から集めたお金が、どのくらいの効率で利益に繋がったかを示す指標です。この指標が高いほど、効率的に利益を出していることになります。

　たとえば、株主資本が異なる2社で考えてみましょう。当期純利益が10億円のA社と、2億円のB社では、A社のほうが儲かっています。しかし、A社の株主資本が100億円であれば、A社は100億円を集めても10億円しか利益を出すことができなかった（ROEは10％）ということになります。これに対して、B社の株主資本が5億円であれば、B社は5億円を集めただけで2億円も利益を出すことができた（ROEは40％）わけです。このように、ROEという指標を用いると、B社のほうがA社の4倍も効率的に利益を出していることがわかります。

　近年、日本企業もアメリカに倣って株主資本利益率を重視する傾向にあります。このこと自体は、株式会社の存在意義として論理的には正しいといえるでしょう。

22……第1章　会社法

しかし、過度な株主至上主義の追求には疑問が呈されています。

　すなわち、過度な株主資本利益率の重視は、企業による安易なリストラや賃金カットによるコスト軽減を引き起こす事態に繋がりかねません。そうなれば、株式会社が株主の利益を追求する傍らで、労働者の生活の安全が脅かされることになってしまいます。

　日本は、創業100年を超える企業が２万社以上もあるといわれており、世界でも例を見ないほど長寿企業の多い国といわれています。このように日本が長寿企業大国となっている理由のひとつとして、日本人の企業観があげられています。つまり、日本人は、会社を株主利益追求のための道具として捉えるのではなく、会社を社会の公器として捉え、会社を通じて労働者、取引先、消費者、社会の人々な

ど、会社と関わる全ての人が幸せを目指してきたのです。日本人は会社を、憲法でいうところの自己実現・自己充足のための場として捉えており、このことが100年以上続く企業の根底にあると考えられます。

　このような観点からすれば、日本企業が過度に株主至上主義を追求することは、日本人の伝統的な企業観を失わせてしまう危険をはらんでいるといえるでしょう。2015年９月の国連サミットは、2016年から2030年までの国際目標として「持続可能な開発目標（SDGs）」を採択しましたが、持続可能性は企業にも求められていると考えます。株主利益の最大化を図りつつも、労働者の働きやすい環境をつくり、SDGsなどいわれるまでもなく、主体的にそうした広い視野からの経営を実践していくことも忘れてはならないでしょう。

Ⅰ　会社の意義と種類……23

❼社員の地位

　先に話したとおり、社員とは、従業員のことではなく出資者のことです。ここでは、社員の地位について説明しておきます。

　社員は、会社の実質的所有者であるといわれます。「実質的」所有者とは、民法における所有（権）者とは違うということです。

　これはどういうことかといいますと、会社は、社員がお金を出しあってつくられます。正確にいえば、出資者がお金を出しあって会社が成立すると、出資者はその成立した会社の社員となるのです。そうだとすれば、社員は会社の持ち主、すなわち所有者といえそうです。そして、民法に従えば、所有者は自分が所有する物について、その意思に基づいて自由に利用・変更・処分できるはずです。

　しかし、社員が自由に好き勝手なことをやりだしたら、会社をつくった目的を達成できなくなってしまいます。たとえば、会社に、机や椅子・パソコンがあったとします。ある社員が当座のお金が必要だということで、それらの物を誰かに売ってしまいお金に換えようと言いだしました。しかし、そんなことをされては、会社は業務を続けることができなくなってしまいます。

　そこで、出資者の権利義務は、社員たる地位という会社に対する法律関係に引きなおされているのです。つまり、机や椅子・パソコンといった物は、会社自身に帰属していて、社員は会社を通じて観念的に持分があるというにすぎないと考えるのです。

　ですから、法的には、会社の財産は会社の所有物ということになります。ただ、その背後に出資者がいて、実質的には、会社の財産は出資者のものだといえるのです。

24……第1章　会社法

理解度クイズ①

1 次のうちもっとも適切なものはどれか。

① 会社とは、営利を目的とする組合組織である

② 会社の中には、財団法人が含まれる

③ 会社とは、営利社団法人である

2 会社法に規定されている会社の種類として正しいものはどれか。

① 株式会社・合名会社・合資会社・有限会社

② 株式会社・合名会社・合資会社・合同会社

③ 株式会社・合名会社・合資会社

3 次のうち正しいものはどれか。

① 合名会社は有限責任社員のみからなる

② 合同会社は無限責任社員のみからなる

③ 株式会社は有限責任社員のみからなる

4 会社法における「社員」の意味として正しいものはどれか。

① 会社の従業員

② 会社の出資者

③ 会社の経営者

※解答は巻末

II 株式会社

それでは、これから株式会社についてみていきましょう。

先ほど説明した4つの会社のうちで、日本でその数がもっとも多いのは株式会社です。株式会社は、大規模な、リスクのある事業を行うことを可能にするための共同企業形態です。そして、そのために会社法では、多くの出資者から資金を集めやすくするような仕組みがとられています。その2大特質が、株式と社員の有限責任です。

❶株式会社の設立

（1）会社の設立と設立中の会社

それでは、まず、株式会社がどのようにしてつくられていくのか、株式会社の設立手続の概略についてお話していきましょう。

Iのはじめのところでお話したように、会社は人の集まりという社団であり、会社自身が権利義務の帰属主体となる法人でなければなりません。したがって、会社をつくるということは、株式会社という団体を形成すること（実体の形成）、そして、会社が権利義務の帰属主体となるための法人格を付与されるということです。会社の設立には、会社としての実体の形成と、法人格の付与という2つの側面があるということです。

株式会社では、実体の形成として、まず、①団体の根本規則である定款を作成し（26条）、次に、②構成員であり、かつ出資者である株主を確定します。そして、③取締役等を選任して、会社が活動するために必要な機関を具備します。そして、このように実体が形成された後で、法人格が付与されます。法人格の付与は、法が定めた手続をふめば当然に認められます。これを準則主義といいます。そして、最後に設立の登記をして、株式会社が成立します（49条）。

キーワード 準則主義
法定の要件を満たせば免許等を問題としないで法人格が付与されることをいう。これに対し、団体が法人格を取得するのに行政官庁の許可を必要とすることを免許主義という。

なお、実体の形成については、①団体の根本規則である定款の作成、②株式発行事項の決定と株式の引受け、③設立時取締役・設立時監査役等の選任、④出資の履行による会社財産の形成と株式の確定、と分類する立場もありますが、ここでは先の3つの分類に従って考えていくことにします。

　設立の方法には、発起設立と募集設立とがあります。いずれの方法も定款を作成し、公証人の認証を受けることになります（30条1項）。発起設立とは、設立に際して発行する株式を発起人がすべて引き受けて会社を設立する方法で（25条1項1号）、募集設立とは、発起人がその株式の一部のみを引き受けて、その残部について別に引受人を募集する設立方法です（25条1項2号）。発起人とは、会社設立の企画者として定款に署名または記名押印をした者のことをいいます（形式説）。

　さて、会社は設立登記によって成立しますが、それ以前にもさまざまな活動をしています。株主になってくれる人を募集したり、会社設立のために必要な物を購入したり、設立事務のための事務所を借りたりなどといった行為です。このように、設立登記の前の段階で、すでに活動を行う団体が存在するわけですが、設立登記の前であるためこの時点では権利能力はありません。そこで、この団体は、みずから会社として成立することを目的として活動する権利能力なき社団として、設立中の会社とよばれています。

　このように、設立中の会社も、会社設立のためにいろいろな活動をして、さまざまな権利義務を発生させます。では、設立中の会社と取引をした相手方は、取引によって生じた債務の履行を成立後の会社に請求することができるでしょうか。たとえば、新たに書店を開業しようとしている設立中の会社があるとします。その設立中の会社の発起人がAさんから書籍を仕入れた場合、Aさんは成立後の会社に書籍の代金を請求できるのでしょうか。

Ⅱ　株式会社……27

設立中の会社は、会社の設立にむけてさまざまな準備活動を行いながら成長、発展して、最終的には設立登記によって法人格を取得し、完全な会社となります。したがって、設立中の会社と成立後の会社とは、実質的に同一の存在であるといえるのです。よって、設立中の会社のすべての法律関係は、当然に成立した会社の法律関係となってそっくりそのまま引き継がれることになります。すなわち、設立中の会社の実質的権利能力の範囲内で、かつ実際に行為を行った発起人の権限の範囲内の行為の効果は、設立中の会社に帰属し、その結果、この成立後の会社のものとなるのです（この考え方を、同一性説といいます）。

では、いかなる場合であれば設立中の会社の実質的権利能力の範囲内で、かつ発起人の権限の範囲内の行為といえるのでしょうか。

設立中の会社は、会社を成立させることのみならず、成立後すぐにさまざまな事業を行える状態にすることを目的としています。したがって、設立中の会社の実質的な権利能力の範囲は、株式会社の設立のために事実上・経済上必要とされている行為だけではなく、開業のための準備行為（開業準備行為）にまで広く及ぶと解されています。

そして、発起人は設立中の会社の実質的な執行機関ですから、その権限の範囲も同様に考えてよいでしょう。したがって、発起人の権限の範囲も、開業準備行為に及びます。もっとも、後でお話しますが、開業準備行為は財産引受けと同様に会社の財産的基礎を危うくする側面が否定できません。そこで、定款に記載があった場合にのみ発起人の権限の範囲内と考えるべきでしょう。

先の例でいえば、Ａさんが締結した書籍の売買契約は、その会社の開業準備行為といえますから、それは設立中の会社の実質的権利能力の範囲内です。また、書籍の価額等が定款に記載されていれば発起人の権限の範囲内といえ、その法律関係は、設立中の会社に帰属します。そして、その法

28……第1章　会社法

律関係は成立後の会社に引き継がれるのですから、Ａさんは成立後の会社に売買代金を請求できるということになるのです。

（2）設立の手続

　それでは、次に、株式会社の設立における実体の形成である①定款の作成、②社員の確定、③機関の具備について、その概要をお話しましょう。

①定款の作成

　定款は会社の組織や活動に関する根本規則であり、発起人が作成します（26条1項）。そして、定款には、必ず書かなければならない記載事項があります。これを、絶対的記載事項といいます。記載が欠けていれば定款自体が無効になります。27条をみてください。

　▶▶▶第27条
　株式会社の定款には、次に掲げる事項を記載し、又は記録しなければならない。
　一　目的
　二　商号
　三　本店の所在地
　四　設立に際して出資される財産の価額又はその最低額
　五　発起人の氏名又は名称及び住所

　次に、定款に記載しなくてもよいが、記載しなければ効力が認められない相対的記載事項というのもあります。これは多岐にわたりますが、重要なものは28条に列挙されています。これを、変態設立事項といいます。条文をみてみましょう。

　▶▶▶第28条
　株式会社を設立する場合には、次に掲げる事項は、第26条第1項の定款に記載し、又は記録しなければ、その効力を生じない。

Ⅱ　株式会社……29

一　金銭以外の財産を出資する者の氏名又は名称、当該財産及びその価額並びにその者に対して割り当てる設立時発行株式の数（設立しようとする株式会社が種類株式発行会社である場合にあっては、設立時発行株式の種類及び種類ごとの数。第32条第1項第1号において同じ。）

二　株式会社の成立後に譲り受けることを約した財産及びその価額並びにその譲渡人の氏名又は名称

三　株式会社の成立により発起人が受ける報酬その他の特別の利益及びその発起人の氏名又は名称

四　株式会社の負担する設立に関する費用（定款の認証の手数料その他株式会社に損害を与えるおそれがないものとして法務省令で定めるものを除く。）

では、これらの事項が、定款に定めないと効力が生じないとされたのはなぜでしょうか。それは、ここにあげられている事項は、発起人が権限を濫用するなどして会社財産を害するおそれがあるので、定款に記載されていない場合においてはその効力がないとしたのです。そのため、変態設立事項は、危険な約束ともいわれます。そして、このなかでも特に重要なのが、現物出資（1号）、財産引受け（2号）、設立費用（4号）の3つです。

まず、現物出資というのは、金銭以外の財産をもってする出資です。出資がお金ではなく建物や自動車などといった現物でされるため、株式を割り当てる際に目的物の価格評価をしなければなりません。その際に、価格評価を誤り不当に高く評価すると、不当に多くの株式が割り当てられることとなり、金銭を出資して株主になった人との間の公平を害する結果となってしまいます。そこで、現物出資を変態設立事項として、検査役の検査（33条1項）や創立総会の承認を要求して、これを規制しました。

財産引受けとは、発起人が会社のために会社の成立を条件として、特定の者から一定の財産を譲り受けることを約束する契約です。

財産引受けにおいても、目的物が過大に評価されて過大な対価が支払わ

30……第1章　会社法

れれば、現物出資と同様の問題が生じます。そこで、現物出資と同様に変態設立事項として規制しました。

最後に、設立費用です。これは、発起人が支出した会社の設立のために必要な費用、たとえば、事務所の賃料などのことです。設立費用は、会社の設立のための費用ですから、発起人は支出した費用の返還を会社に求めることができます。しかし、会社が無制限に発起人からの請求に応じてしまうと、会社に適切な財産が残らなくなってしまいます。そこで、会社法は会社の財産状況を適切に開示させるため設立費用を変態設立事項として定款に記載しなければならないとしたのです。

最後に、定款に記載しなくても定款の効力に影響がなく、かつ、定款外で定めても当事者を拘束する記載事項があります。これを、任意的記載事項といいます。たとえば、定時株主総会の招集時期や株主総会の議長などを定款で定める場合があげられます。任意的記載事項は、定款で定めなくてもよいのですが、内容を明確にする等の目的で、定款で定められることがあります。いったん定款で定められると、内容の変更には定款変更の手続が必要となります。

②社員の確定

発起設立の場合は、発起人が設立時に発行する株式のすべてを引き受けます。そして、発起人が出資金を払い込めば、その発起人が会社の成立時に株主となり、社員が確定します。

一方、募集設立では、発起人は設立の際に発行される株式の一部のみを引き受け、残りの株式について別に引受人を募集します（57条、58条）。そして、募集に対して申込み（59条）があると、割当て（60条）がなされます。それによって引受けが確定し（62条）、引受人が払込みをすると（63条）、会社成立時に株主となり（102条2項）、社員が確定します。

このように、株式会社における社員は、株式の引受けと払込みという行

Ⅱ　株式会社……31

絶対的記載事項	
①目的 ②商号 ③本店の所在地 ④設立に際して出資される財産の価格 　またはその最低額 ⑤発起人の氏名または名称および住所 ⑥発行可能株式総数	記載を欠けば、定款自体が無効になる事項
相対的記載事項	
①現物出資 ②財産引受け ③発起人の報酬・特別の利益 ④設立費用 ⑤株式の内容制限事項 ⑥種類株式に関する事項 ⑦株券を発行する旨の定め etc.	記載を欠いても定款の効力に影響しないが、記載しないと効力が認められない事項
任意的記載事項	
①定時株主総会の招集時期 ②株主総会の議長 ③取締役・監査役の員数 ④事業年度 etc.	記載を欠いても定款の効力に影響せず、かつ、定款外において定めても当事者を拘束する事項

為によって確定します。

③機関の具備

　機関については、後でまた詳しく説明しますが、会社の活動は機関によって行われます。ですから、会社は、機関を完全に備える（具備）ことが必要になります。これを機関の具備といいます。

　設立における株式会社の機関の具備は、発起人が取締役を選任すること

32……第1章　会社法

により行われます（設立時取締役、38条1項）。また、その会社が設立しようとする機関の設計に応じて、発起人が設立時監査役などを選任したり（38条3項各号）、選任された設立時取締役が設立時代表取締役を選定したりして（47条1項）、選択した機関設計に必要となる他の機関を選任・選定します。

　機関の設計については、後でまたお話するとして、株式会社の機関の具備は、発起人や選任された設立時取締役による選任・選定によって行われるということを覚えておいてください。

　以上のような手続をふむことによって株式会社の実体が形成されます。そして、その後、設立登記によって法人格を取得し、1つの会社が成立することになるのです。

❷株式の意義

　株式とは、細分化された均等な割合的単位の形をとる株式会社の社員たる地位のことをいいます。そして、株式をもっている者、すなわち、株式会社の構成員を株主といいます。

　株式という言葉は、株式市場とか株式売買とかいった形でよく耳にすると思います。社員たる地位については先ほど述べました。ここで重要なのは、株式には、①細分化された、②均等な、③割合的単位の形という3つのポイントがあるということです。それでは、これから、この3つのポイントについて説明していきます。

①細分化された

　まず、社員の地位が細分化されている理由は、たくさんの人が容易に出資できるようにするためです。どういうことかというと、社員の地位を細かく分割すると、1単位が小さくなります。1単位が小さくなると、たとえば、100万円の資本金を集めるときに、社員たる地位を2分割しただけな

Ⅱ　株式会社……33

ら1単位50万円の負担になりますが、10分割すれば1単位10万円、20分割すれば1単位5万円ですむことになります。このように、社員たる地位を分割して小さくすればするほど、たくさんの人が容易に出資できるようになり、自分のところに余っているお金を、銀行に預けるのではなく会社に出資しよう、ということになり、資金が集まりやすくなるのです。

②均等な

社員の地位を均等にしたのは、会社と株主との法律関係を簡明に処理するためです。内容が均等であれば、株主から会社への権利行使や、会社から株主に対する通知や配当の支払が容易になり、取扱いが便利になるのです。

③割合的単位

社員の地位を割合的単位の形にしたのは、何単位の地位をもっている社員かという形で会社との関係が表されるようになり、その結果、出資者の個性を問題とすることなく簡明な処理ができるというメリットがあるからです。割合的単位とすることで社員の個性が問題にならなくなり、その結果、誰が出したお金かということではなく、出資されたお金は誰のお金で

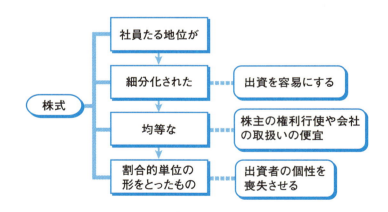

も同じということになり、同じ扱いができるということなのです。

　ここで、割合的単位ということを具体例で考えてみましょう。たとえば、資本金1000万円で200株発行している株式会社があるとします。この場合の資本金1000万円というのは、とりあえず、会社財産が1000万円であると考えてください。この場合に４人の出資者がいて、Ａさんは100万円出資することにして、Ｂさんは200万円出資し、Ｃさんは300万円、Ｄさんは400万円をそれぞれ出資しました。このとき、Ａの持分は、100万円という絶対的な金額として把握するのではなく、200分の１を20単位もっていると考えるのです。現在1000万円の会社財産があり、200株の株式が発行されているのですから、１株、すなわち１単位である200分の１の価値は５万円になります。Ａはこの200分の１という割合的単位を20株もっているので、Ａの株式の経済的価値は、たまたま５万円×20株で100万円ということになるだけなのです。Ｂは、１単位５万円の株式を40単位もっているので、200万円の経済的価値の株式をもっているというだけです。

> Ａ：100万円＝５万円×20株
> Ｂ：200万円＝５万円×40株
> Ｃ：300万円＝５万円×60株
> Ｄ：400万円＝５万円×80株

　このように、１単位５万円とされましたが、この５万円という金額は、実は200分の１という割合的単位を表わしているにすぎないのです。すなわち、その会社の全株式が200株だとすると、その会社の株式を１株もっているということは、会社財産の200分の１をもっているということになるわけです。では、もう少し別の観点からこれをみてみましょう。次の図式をみてください。

Ⅱ　株式会社……35

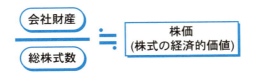

　1株の経済的価値というのが、いわゆる株価といわれるものです。ですから、会社が業績をどんどん上げて会社財産が増えれば、分子が大きくなりますから、株価は上がります。反対に、業績が下がって分子が減れば、株価は下がることになります。また、株式の数が増えれば分母が増えますから、1株あたりの経済的価値は下がります。株式のこういう値段の上がり下がりが、新聞に株価として載っているのです。もっとも、新聞に載っている株価は、正確にいえば業績そのものだけではなく、会社の人気とか、新製品が出るとか、合併するとか、いろいろな要素を含めて上がったり下がったりします。しかし、基本はあくまで、会社財産÷総株式数が株式の経済的価値ということです。

　このように、株価というのは決まった値段ではなく、会社の業績が変われば、それに連動して変わるものなのです。先ほどの例でいうと、会社の業績が上がって会社財産が1000万円から2000万円になった場合、購入時に1株5万円であった株式の値段は10万円に上がります。

　もっとも、このように、Aさんのもっている株の経済的価値は上がっても、もっている株式の数は変わりませんから、200分の20という割合は変わりません。言い換えると、株式を20株もっているということは、会社の200分の20のオーナーであるということなのです。会社やほかの株主との関係では、どれだけ株価が上がったのかということではなく、どれだけの割合の株式をもっているかということが重要になります。

　株式のおおまかなイメージはもてましたか。おさらいすると、株式は、

細分化された均等な割合的単位の形をとる株式会社の社員たる地位と定義されます。細分化されているということは、200分の1というように出資単位が小さく分割されており、それによって出資しやすくするということです。均等なのは、会社と株主との法律関係を簡明に処理するためです。割合的単位の形をとるのは、社員の地位を200分の10といった割合的単位の形であらわすことで、社員の個性を喪失させるためです。しっかりと頭に入れておきましょう。

❸社員の有限責任

　最初のところでお話しましたが、株式会社の社員（株主）は、自己が会社に対して出資した額を超えて、会社の債務について会社債権者に対して責任を負うことはありません（104条）。これを、株主有限責任の原則といいます。たとえば、Ａさんが100万円出資してある会社の株主になったとしましょう。その後、その会社が潰れてしまった場合、会社の財産となったＡさんの100万円は、会社債権者の借金の返済にあてられ、Ａさんの元には戻ってきませんが、会社債権者はそれ以上にＡさんに対して責任を追及することはできません。つまり、Ａさんは100万円という出資額の限度で会社債権者に対して責任を負い、それ以上の責任を負わないということです。このことを、株主の有限責任というのです。

　この原則によって、株主は出資額以上の責任を追及されることはありません。そのため、株主のリスクが限定され、多くの人が安心して株式会社に出資できるようになるわけです。

❹資本金制度
（1）効率と公正

　これまでお話してきたように、会社法は、株式会社について、株主の有

日本初の株式会社

日本で最初に設立された株式会社はどれか、知っていますか？　実は、この問いにはいくつかの正解が考えられます。

日本史の授業では、坂本竜馬がつくった亀山社中が日本初の株式会社と習ったかも知れません。亀山社中では、出資者がお金を出し合い、それを坂本竜馬ら経営者たちが活用して事業を運営し、利益の一部を出資者に配当していたといわれています。亀山社中は、所有と経営の分離がなされ、出資を募るための仕組みを備えていました。そのため、株式会社の基礎を備えていたといえるでしょう。

もっとも、亀山社中では、出資者の権利がきちんとした株式の形になっておらず、出資者の責任も有限責任ではありませんでした。株式会社の2大特質は株式と社員の有限責任ですから、亀山社中を株式会社そのものと

いうのは適切でないでしょう。

では、株式会社の2大特質を備えた、本当の意味で日本最初の株式会社はどれでしょうか。

それは、1872（明治5）年の国立銀行条例に基づき、1873（明治6）年に渋沢栄一によって設立された第一国立銀行といわれています（なお、商法に基づいて設立された日本最初の株式会社は、1893（明治26）年に設立された日本郵船株式会社です）。

渋沢栄一は、日本資本主義の父とよばれるほどの実業家で、生涯に約500もの企業の育成に関わったといわれています。2024年からの新紙幣一万円札の図柄が渋沢栄一に決まりましたから、渋沢栄一の一万円札を見る度に、会社法を勉強したことを思い出してもらえるかもしれません。

限責任とその地位の細分化・単位化を規定しています。そして、この2つが、株式会社への出資を促進させるのです。つまり、会社法という法律は、国民の皆さん、世界の皆さん、日本の株式会社に出資しましょう、有限責任だから大丈夫ですよ、1単位が小さいですから誰でも出資できますよ、という形で出資を促しているわけです。株式会社は大規模な、リスクのある事業を行うことを可能にする企業形態であり、資本主義経済の発展に重

要な役割を果たす存在ですから、そのような株式会社への出資は国民経済にとって好ましいことであるという価値判断が、会社法にはあるわけです。

これからお話することもすべてそうですが、会社法は、その株式会社ができるだけ多くのお金を集めて、しかもそれをできるだけうまく運用して、企業として発展していく、そういう環境整備をしています。

では、会社が発展するというのはどういうことだと思いますか。これは常識的に考えてもらっていいのですが、要するに利益をあげるということです。たとえば、自社の商品の品質を向上させ、販売規模を拡大してたくさんの人に買ってもらうといったことです。利益をあげて会社を発展させていく、大きくなっていく、それが会社法の1つの目的です。もっと端的にいえば、会社法はお金儲けの法律です。会社がより多くのお金が儲けられるような環境整備をしてあげる、これが会社法の重要な目的の1つなのです。

「1つ」といいましたが、もう1つ重要な目的があります。それは"健全な"発展ということです。お金儲けができれば、何をしてもよいというものではありません。他人に迷惑をかけたり、だましたりしてはいけません。

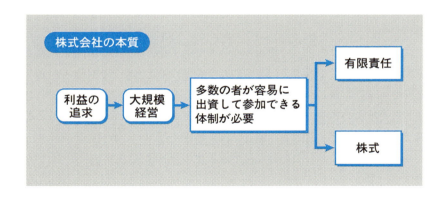

II　株式会社……39

あくまで、健全な発展、秩序だった発展でなくてはなりません。いわば、"健全な"という要請は、"発展"に対する逆方向のベクトルとなって、歯止めの役割を果たすわけです。発展というのは利益をあげて会社を大きくしていくことですが、それには健全性という歯止めがかかっているということです。

別の言い方をすれば、効率と公正ということです。つまり、会社が利益をあげるためには効率を追求する必要があります。しかし、その効率に、公正という歯止めをかけてあげなければならないのです。効率的な企業運営をめざす一方、取引の相手方や会社債権者、消費者の利益を害さないようにするという公正さが常に要求されるのです。これは、合理化と適正化の調和の問題といってもいいでしょう。

日常用語で合理化というと、どういうイメージをもちますか。会社経営を合理化しないといけないというと、無駄をなくす、リストラする、そんなイメージでしょうか。しかし、会社法で合理化というのは、よりお金をかけずに、より多くの利益があがるようにするということです。合理化の日常用語的なイメージからすると、会社の規模が縮小するように感じるかもしれませんが、ここでいう合理化とはそういう意味ではありません。より利益をあげる、より儲かる、そのような方向性を会社法では合理化とよぶのです。

これに対して、歯止めの理論となるのが適正化、または公正という概念です。会社法は、できるだけ会社がお金を儲けることができるように環境整備をする。しかし、お金儲けだけに走ってしまうと、不正なことを行い、消費者や取引の相手方、あるいは社会に迷惑をかけてしまったりする。そこで、公正とか適正化という概念で歯止めをかける。いわば、アクセルとブレーキの関係です。この合理化と適正化のバランスこそ会社法の目的なのです。

このような発想はいろいろなところで出てきます。たとえば、マンションの売買を目的にしている会社であれば、マンションをたくさん売って多くの利益を得ようとするでしょう。しかし、どんどん売って利益をあげればそれでよいというものではありません。多少の手間や費用がかかっても、そこで暮らす人が安心して生活できるような建物を売らなければならないのです。ここで、公正、適正化という歯止めがかかります。会社法では"合理化と適正化"、"アクセルとブレーキ"という2つの要請の調和が重要なのです。

　これは、憲法でいえば人権保障と公共の福祉、民法でいえば取引の安全と本人の利益保護、刑法でいえば法益の保護と自由保障機能といった関係と同じです。すなわち、違った方向のベクトルをどのように調整するか、これが法律の役割です。会社法でも同様に、合理化と適正化の調整が必要になるのだということを知っておいてください。

(2) 資本金制度

　さて、これから、資本金制度についてお話していきましょう。

　資本金制度は、旧商法から存在する制度で、会社法においても存在しています。ここでは、まず、旧商法のもとでの資本（金）制度の意義について簡単にお話して、そして、そのような資本金制度が会社法においても同様の意義をもって存在しているのかについて説明していきましょう。

　まず、旧商法下における資本（金）制度の意義についてです。

　先に話したように、株主の責任は、間接有限責任です。自分が出資した限度で、間接的にしか、会社債権者に対して責任を負いません。そのため、会社債権者は、会社財産からしか債権の回収を図ることができず、会社財産が唯一の引き当てになります。そこで、会社財産を維持して、会社債権者の保護を図る必要性が出てきます。資本（金）制度は、そのための制度

キーワード 資本金
会社財産確保の基準となる一定の計算上の数額。

Ⅱ　株式会社……41

として位置づけられていました。

　すなわち、資本（金）という、一定の計算上の金額をあらかじめ定めておき、その金額に見合った会社財産を現実に会社に保持させます。そうすることによって、会社財産を維持して会社債権者を保護しようというのが、旧商法下における資本（金）制度の目的でした。たとえると資本（金）は、会社財産を入れる大きさの決まった容器で、会社財産はその中身ということです。先ほど、会社財産は変動するが、資本金は変わりませんというお話をしましたが、それは、会社財産と資本金とが、容器とその中身という関係にあるからです。

　では、会社財産を維持して会社債権者を保護するという、旧商法下における資本（金）制度の目的は、会社法においても同様の意義をもっているのでしょうか。結論からいうと、会社法は、資本金制度を会社債権者保護の制度としては位置づけていないようです。これは、最低資本金制度が撤廃されたことからもうかがえます。旧商法では、会社を設立するには最低でも1000万円の資本金が必要でしたが、会社法ではそれを撤廃し、０円からでも会社ができるようになりました。すなわち、資本金０円の会社というのも可能になったのです。このような法制度のもとで、資本金に会社財産維持機能があるというのは難しいでしょう。

　また、旧商法下から、資本金制度は、会社財産を維持して会社債権者を保護するという本来の機能を十分に果たしきれていないのではないかという指摘がありました。どういうことかといいますと、先ほど、資本金の額と現実に会社がもっている会社財産とは別である、資本金は入れ物で会社財産はその中身であるといいました。そうすると、法の理想と異なり、会社財産が資本金の額と常に一致している、または常にそれ以上あるとはかぎらないわけです。資本金１億円会社が、現実に１億円の会社財産をもっているとはいえないということです。そのため、現実には、会社債権者が、

42……第1章　会社法

資本金制度の会社財産維持機能を信頼して取引をするということはほとんど行われず、資本金制度は会社債権者の保護という役割を十分に果たしていなかったというのが現実でした。

　ただ、会社財産を維持して会社債権者を保護するということの重要性は会社法においても変わりはありません。そこで、この会社法のもとでは、会社債権者保護について一定の見直しが行われています。すなわち、資本金制度を採用しつつも、会社債権者保護は、①会社財産の状況を適切に開示して、会社債権者の自己防衛に期待する（開示制度の充実）、②会社財産の不当な流出を防止する、という方法によって実現するというわけです。①については、会社に、正確な会計帳簿の作成を義務づけたり、株式会社の財産および損益の状況を示すための計算書類の作成を義務づけたりしています。②については、株主への出資の払戻しを禁止したり、払戻しと同様の効果が生じうる剰余金の配当（旧商法下の利益配当）や自己株式の取得については、その株主に交付する財産の額を規制する財源規制などがあります。

　そして、後ほどお話する旧商法下の資本の諸原則も、会社法のもとでは会社債権者保護の制度として位置づけないという態度をとっています。

（3）株式と資本金

　そもそも株式会社の資本金がどのように決まるのかを具体的に説明していきましょう。

　会社法は、原則として払込み・給付額の全額を資本金の額とすると定めています（445条1項）。たとえば、1株5万円で200株発行して、会社の株主になってくれる人を募集したとしましょう。この場合、200株全額について株式の払い込みがなされれば、その会社の資本金は1000万円ということになります。旧商法では、資本の額は、原則として発行済株式の発行価

Ⅱ　株式会社……43

格の総額とされ、現実にいくら払い込みがなされたかは基準となっていませんでした。しかし、会社法のもとでは、資本金とは、実際に会社に払い込まれた額、すなわち払込金額が基準となりました。具体例で比較してみると、旧商法のもとでは、1株5万円で200株発行したら、資本金は発行済株式の発行価格の総額ですから、5万円×200株で1000万円となります。一方、会社法のもとでは、現実に払い込みのあった額が資本金の額になりますから、実際に払い込まれた額が900万円であれば、その会社の資本金の額は900万円ということになります。445条1項をみてください。

▶▶▶第445条
① 株式会社の資本金の額は、この法律に別段の定めがある場合を除き、設立又は株式の発行に際して株主となる者が当該株式会社に対して払込み又は給付をした財産の額とする。
〈②以下 略〉

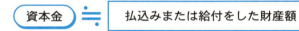

資本金1000万円の会社、資本金1億円の会社などという言い方をしますが、その資本金というのはこのように決まるわけです。要するに、会社設立のときにどれだけ出資を集められたかによって、設立時の会社の資本金が決まることになります。ですから、設立時の会社の資本金が大きな会社であればあるほど、会社の設立の段階で多くのお金を集めることができたということになります。

資本金については、後ほど資本金制度のところでまた詳しく説明することにして、ここで、株式、資本金、会社財産の関係について考えてみましょう。

資本金というのは、会社財産を確保するための基準となる金額にすぎず、

現実に存在する会社財産とは異なります。すなわち、資本金は、原則として会社の設立および増資（新株発行）のときの出資の額であるのに対し、会社財産は、会社の業績や景気の動向によって常に変動します。会社の業績が上がれば、その資本金を元手に会社財産はどんどん増えていきます。逆に、会社の業績が悪化すれば、会社財産は資本金よりもどんどん減っていくことになります。このように、会社が実際にもっている財産は変動しますが、資本金は変わりません。これに対して、株式の価格、つまり株価は基本的には会社財産の増減にともなって上がったり下がったりします。

　株式会社の資本金は、設立および増資の段階で、どのくらいの払込みまたは給付があったかということを示しているにすぎず、現在の会社財産とは一切関係がないということ、これに対して、実際の会社財産は増えたり減ったりするものだということ、そして、株価は基本的には会社財産の増減に伴って上下するものだということをイメージとしてもっておいてください。

❺資本の諸原則

（1）資本充実の原則

　資本充実の原則とは、資本（金）の額に相当する財産が現実に会社に拠出されなければならないという原則をいいます。

　旧商法下における資本（金）の目的は、資本（金）の額に相当する会社財産を現実に会社に保有させ、会社財産を唯一の引き当てとする会社債権者を保護しようというものでした。そのためには、まず、会社の設立の段階で、資本（金）の額に相当する財産が現実に出資されなくてはなりません。資本金1000万円の会社をつくる場合、現実に1000万円の出資がなければならないのです。資本金1000万円という入れ物の中身を、1000万円のお金でいっぱいにする必要があるのです。この要請が、資本充実の原則です。

Ⅱ　株式会社……45

具体的には、会社が設立の際に発行した株式の発行価格の全額の払い込みが要求されていました。資本金1000万円の会社が1株5万円の発行価格で200株発行したら、発行価格の総額である1000万円全額が現実に払い込まれなければならず、仮に発行した株式の引受けがなかったり、払い込みがなかったりした場合には、発起人などがその株式を代わりに引き受けたり、払込みをしたりしなければいけませんでした（引受け・払込担保責任）。これ以外にも、資本充実に関する規制があり、旧商法下では、この原則は、会社債権者保護の役割を果たすものとして非常に重要視されていました。

　では、この原則は、会社法のもとでも受け継がれているのでしょうか。

　会社法のもとでは、払込み・給付額が資本金の額になります。資本充実の原則が、資本（金）の額に相当する財産の拠出を要求したのに対し、会社法では、実際に拠出された財産が資本金の額になるのです。そのため、資本充実の原則の重要な内容である旧商法下での引受け・払込み担保責任は廃止され、払い込みをしなかった株主は当然に失権、すなわち、株主になる権利を失うことになりました。また、旧商法下での最低資本金制度は廃止され、出資額が1円以上あれば、会社がつくれるようになりました。設立時の資本金は0円でもよいです。そうすると、資本充実の原則を会社債権者保護として論ずるのはちょっと無理があるように思われます。

　これらの事情から考えると、会社法のもとでは、少なくとも会社債権者保護の制度という伝統的な意味での資本充実の原則は、もはや受け継がれていないといえるでしょう。

(2) 資本維持の原則

　資本維持の原則とは、資本（金）の額に相当する財産が、現実に会社に維持されなければならないという原則をいいます。

　資本充実によって会社財産が満たされても、それが維持されなければ、

会社債権者保護という資本金制度の目的は実現できません。そこで、旧商法下では、資本維持の原則が採用されていました。具体的には、利益配当に関する規制としてあらわれます。すなわち、資本金と準備金を足した額より会社財産のほうが多い場合にのみ、株主に利益配当ができるという規制を設けていました。準備金というのは、会社財産の確保を確実にするために取り入れられた、資本（金）と同じ計算上の金額だと理解しておいてください。たとえば、資本金1000万円、準備金500万円、会社財産2000万円の株式会社があったとした場合、その会社が配当できる利益（配当可能利益）は500万円であり、それを超えて配当することは許されませんでした。こうすることによって、資本金に相当する会社財産の維持を図ってきたのです。

　では、資本維持の原則は、会社法においても受け継がれているでしょうか。

　これについては、現時点では見解が分かれています。

　まず、会社法においても、資本維持の原則のあらわれであった利益配当に関する規制は、剰余金の配当規制という形で存続しており、資本維持の原則はその意味内容を変えることなく存在しているとする見解があります。剰余金の配当は後でまた説明しますが、とりあえずここでは旧商法下での利益配当と同じものだと思ってください。

　一方で、会社財産は日々変動するものであり、資本金の額がそれに合わせて変化するわけではないから、従来のように定義される資本維持の原則は存在しないとする見解もあるようです。

　このような見解の相違は、今後の学説の動向によっていずれ決着をみるものと思われますが、ここでは、とりあえず、利益配当に関する規制が、剰余金の分配に関する規制として会社法においても存続していること、そしてそれが、不当に多くの金銭が株主に支払われることによって会社債権

Ⅱ　株式会社……47

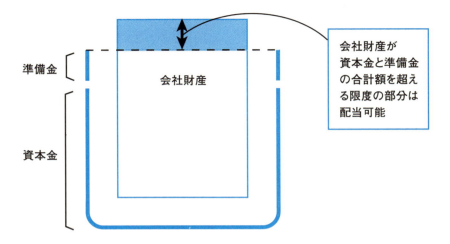

者に支払われる金銭がなくなってしまうことを防止するものであること、という点を理解しておいてください。

(3) 資本不変の原則

資本（金）の額自体の減少を自由に許さないという原則を「資本不変の原則」といいます。

資本（金）は、会社財産確保の基準となる金額ですから、これを自由に減少できるとなると、会社財産を唯一の引き当てとする債権者の利益が害されます。つまり、株式会社の社員は間接有限責任を負うにすぎないので、会社債権者が頼りにできるのは会社財産のみなのです。そこで、いったん定められた資本（金）という枠組みは、法律で定められた厳格な手続によらなければ減少させることはできないとしたのです。

会社法も、資本金の減少に関して株主総会の決議と債権者異議手続という厳格な手続を要求しており（447条、449条）、資本不変の原則を採用して

います。

（4）資本確定の原則

　予定された資本（金）の額に相当する財産の拠出者が得られないかぎり、会社の設立または増資（新株発行）の効力を否定するという原則を「資本確定の原則」といいます。

　会社法では、前述したように払込み・給付のあった財産が資本（金）の額になり、その部分だけで設立することが認められたので、資本確定の原則は採用されていません。

❻株主の権利と株主平等の原則

（1）株主の権利

　株式とは、前に説明したように、細分化された均等な割合的な単位の形をとる株式会社の社員たる地位をいいます。そして、株式会社の社員は、このような株式の所有者であるため、株主とよばれます。前述しましたが、出資者である株主は会社の実質的所有者です。そのため、株主は会社に対して、さまざまな権利を有しています。

　たとえば、剰余金の配当請求権（105条1項1号）があります。株式会社はさまざまな事業活動によって経済的利益をあげて、その利益を出資者である構成員、すなわち株主に分配することを目的としています（このような団体を営利団体といいます）。したがって、利益の分配である剰余金の配当は、株式会社の本質的要請といえるでしょう。このような、会社から経済的利益を受けることを目的とする権利を、自益権とよび、ほかには残余財産の分配請求権（105条1項2号）などがあります。

　一方、会社の経営に参加することを目的とした権利もあります。これを共益権といいます。共益権の中で中心的な権利は、株主総会における議決

Ⅱ　株式会社……49

権（105条1項3号）です。これは、株主総会に参加して、会社の事業方針や取締役の選任などの重要な事項について、その決定に参加して意思を表明できる権利です。株主は会社の実質的所有者ですから、会社経営にその意思が反映されなければなりません。そのための権利が、議決権なのです。

このように、株主の権利は、その内容に応じた分類として自益権と共益権に分けられます。また、株主の権利は、権利行使の要件に応じた分類として単独株主権と少数株主権に分けられます。

単独株主権とは、1株の株主でも行使できる権利をいいます。少数株主権とは、発行済株式総数の一定割合以上または総株主の議決権の一定割合以上・一定数以上を有する株主のみが行使できる権利をいいます。「少数」という用語が使われていますが、これは株式会社の経営権を握るほどではないという意味にすぎず、実際には、少数株主権を行使できるほどの株式を保有している株主は大株主であることが多いです。

自益権・共益権と単独株主権・少数株主権の関係をまとめると次のようになります。

自益権はすべて単独株主権です。共益権のうち、議決権は単独株主権にあたりますが、監督是正権（株主総会決議取消権や取締役等の違法行為の差止請求権などのように、会社運営を監督是正する権利）は、単独株主権であるものと少数株主権であるものがあります。

単独株主権	自益権	余剰金配当請求権
	共益権	議決権
少数株主権		監督是正権

会社は、これら株主の権利について、保有する株式の内容および数に応

じて平等に取り扱わなければなりません。これを株主平等の原則といいます。非常に重要な原則ですので、次で取り上げましょう。

（2）株主平等の原則

　株主平等の原則とは、株式会社は、株主を、その有する株式の内容および数に応じて、平等に取り扱わなければならないという原則です（109条1項）。

　旧商法下では、これを直接定めた条文の規定はなく、議決権や利益配当請求権などの個別的な規定にあらわれていたにすぎませんでした。会社法においても、剰余金の配当（454条3項）や残余財産の分配（504条3項）、または議決権（308条1項）などの個別的な規定にあり、この点は旧商法と同じです。しかし、会社法は、更にそれ以外の場面一般に適用される明文の規定として、この原則を109条1項で規定しました。

> ▶▶▶第109条
> ①　株式会社は、株主を、その有する株式の内容及び数に応じて、平等に取り扱わなければならない。
> 〈②以下　略〉

　では、なぜ株主平等の原則が要請されるのでしょうか。

　株式は、均等な割合的単位の形をとるということは、すでにお話しました。株主平等の原則は、これを裏から表現したものといえます。すなわち、株式は、均等な割合的単位で表されているのですから、株主からみれば、会社に対する権利は均等な割合的単位の形で表されるのです。これを会社からみれば、会社は株主をその有する株式数に応じて均等（平等）に取り扱わなければならないということになるのです。株式数を基準にするのは、それが公平だからです。たとえば、株主のAさんは自分の親戚だから1株につき2つの議決権を与える、というように会社が株主をその個性に応じ

Ⅱ　株式会社……51

て異なる扱いをすると、会社と株主との間の法律関係が複雑になって合理的な処理ができなかったり、株主間の不平等が生じたりします。それでは、誰も安心して株式会社に出資しなくなり、たくさんの人から出資を募るという、株式会社の制度自体が成り立たなくなってしまうのです。

このような点に、株主平等の原則を認める理由があるのです。

では、株主平等の原則は具体的にどのような機能があるのでしょうか。

今もお話しましたとおり、株主平等の原則がなければ株式会社制度自体が成り立たなくなってしまいます。そのため、株主平等の原則は株式会社の基本原則であり、会社のさまざまな場面で法的拘束力をもちます（これを強行法規的な性格を有するといいます）。ですから、株主平等の原則に反する会社の決議や業務執行行為は無効となります。会社の意思決定は多数決によって行われるため、多数派が権限を濫用して自分たちの利益を図り、少数派株主の利益を害するおそれがあります。この場合に、このような決議を株主平等の原則に反して無効とすることで、少数派株主は自分たちの利益を守ることができます。

このように、株主平等の原則は、少数派株主の保護という機能を有しているのです。

（3）株式の内容と種類

株式会社は、権利の内容が異なる株式を発行できます（107条、108条）。たとえば、株式を他人に譲渡するには会社の承諾が必要という内容の株式や、剰余金の配当・残余財産の分配について他の株主より優先的に取り扱われることを内容とする株式、あるいは、株主総会において議決権を行使できないことを内容とする株式といったものです。

では、なぜ株式会社は、このような権利の内容が異なる株式を発行する必要があるのでしょうか。それは、株式による資金調達の多様化を図ると

52……第1章　会社法

株主優待でゆったり生活？

皆さんは株主優待制度をご存知でしょうか？

株主優待制度とは、一定数の株式を保有する株主に対して、自社製品の商品券や自社サービスの優待券などを交付する制度をいいます。

近年は、株主優待の内容にもさまざまなものがあり、自社サービスにかぎらず、自社系列のスポーツチームの観戦チケットや、自社の事業とは無関係なクオカードを交付する例も増えています。テレビや雑誌でも、株主優待特集を組んだり、株主優待で生活に必要な物をまかなっている人を取材したりしています。

企業側からすれば、株主優待制度を設けることは、個人投資家からの出資を募りやすくしたり、自社商品を知ってもらい顧客拡大につなげたりできるというメリットがあります。

しかし、株主優待制度と称すれば何を配ってもよい、というわけではありません。

学説の多くは、株主優待制度は、優待的取扱いの程度が軽微であることを条件として適法と考えています。逆にいえば、優待的取扱いの程度が軽微とはいえない場合には、株主平等原則に反するおそれがあります。たとえば、大株主にかぎって特別なサービスを提供するという株主優待制度は、大株主だけを特別扱いするものとして株主平等原則違反となるおそれが高いでしょう。

今後、株主優待の内容はいっそう多様化していくと思います。新しい株主優待が登場したときに、それが株主平等原則に反していないかを自分なりに考えてみるとよいでしょう。

同時に、支配関係の多様化の機会を与えるためです。

資金調達の多様化とは、簡単にいえば、いろいろな人からお金を集めやすくするということです。たとえば、剰余金の配当や残余財産の分配について他の株主より優先的に取り扱われるとすれば、それなら株式を買おうという人も出てきやすいですよね。

また、支配関係とは、株主総会における議決権の割合のことをいいます。たとえば、Ａさんが、ある会社の総議決権の過半数を占めていたとします。

Ⅱ　株式会社……53

その会社が新たな資金需要に応じて新株を発行したいと考えました。この場合、会社が普通の内容の株式を発行するとＡさんの持株比率が低下して、議決権の過半数を割ってしまうおそれがあります。そこで、議決権制限株式を発行すれば、Ａさんの持株比率を変えないままで、会社は新たな資金を手にすることができるのです。つまり、支配関係の多様化とは、株主総会における議決権の内容を多様化することによって、会社経営の安定を図ることを意味します。

　このように、株式会社は、株式の内容について異なる株式を発行することができますが、そうすると株主平等の原則に反しないのでしょうか。

　株主平等の原則は、同じ内容の株式については株式の数に応じた平等の取扱いを要求していますが、これは、異なる内容の株式については異なる取扱いができることも意味しています。したがって、権利の内容が異なる株式相互間で異なる取扱いがなされたとしても、株主平等の原則の適用はないのです。

　会社法は、株式の内容について異なる株式として、特別な内容の株式（107条）と、種類株式（108条）の発行を認めています。特別な内容の株式とは、全部の株式の内容として特別なものを定めることをいいます。種類株式とは、権利の内容の異なる複数の種類の株式をいいます。前者が、全部の株式を対象とするのに対して、後者は、一部の株式のみを対象とする点で異なっています。

❼投下資本の回収
（1）回収の方法

　さて、株主は、出資したお金（これを投下資本といいます。この「資本」とは、「自分が出資したお金」というような意味で、資本金のところでお話した「資本」とは意味が異なります）を自分の都合によっては回収したい

キーワード 議決権制限株式
株主総会において議決権を行使することができる事項について制限のある種類の株式（115条）。

54……第1章　会社法

と思うでしょう。ここでは、その方法についてお話したいと思います。

　株主が会社に出資する理由は、一言でいうとお金儲けです。株式会社に出資して、出資した金額以上のお金を回収する、金利の低い銀行に預けるより、会社に出資して大きく儲けたい、こんな理由で出資をする人がほとんどです。

　たとえば、会社の業績が悪化して、このままこの会社の株主でいると損をするから、業績のいいほかの会社に出資したい、そう思ったとします。そのとき、投下資本を回収してその会社から離脱する場合に、どのような回収方法があるのでしょうか、というのがここでの問題です。いったん出資した以上、そのお金は二度と戻ってこないとしたら、誰も安心して株式会社に出資できません。そうなると、たくさんの人からお金を集めて大規模な事業を行うという、株式会社の目的が実現できなくなってしまいます。そのため、投下資本の回収という手段は、たくさんの人からの出資を予定している株式会社にとって、重要な本質的制度なのです。

　この投下資本の回収方法には２つあります。

　まず１つは、出資したお金の払戻しを受ける方法です。会社に払い込んだお金を、そのまま返してもらうのです。もう１つは、株式を他人に売る、すなわち、株式譲渡という方法です。証券取引所では、毎日、株の売買が行われていますが、株式の売買によって投下資本を回収しています。株式の譲渡は、言い換えると持分の譲渡です。200分の１という割合的単位としての持分を他人に売るわけです。その会社に対する自分の持分を譲渡するわけです。

　このほかには、前にお話した剰余金の配当や残余財産の分配も投下資本の回収といえますが、ごく一部が回収されるにすぎません。全額回収する方法としては、理論的には、払戻しを受ける方法と、株式の譲渡という方法とが考えられるのです。

Ⅱ　株式会社……55

(2) 払戻しは可能か

払戻しを受けると、もはやその会社の社員ではなくなります。これを、会社法では「退社」といいます。退社という言葉は、日常用語では、「退社時間なので退社します」といった使われ方をしますが、それとは意味が違うので注意してください。ここでの意味は、出資の払戻しということです。

さて、株式会社では、出資の払戻し、すなわち退社は認められていません。

株式会社の株主は、出資の限度でしか責任を負わないこと、会社債権者にとっては、会社財産が唯一の引き当てになることはすでに話したとおりです。そのため、会社財産確保の要請が強くはたらきます。それにもかかわらず、株主に対する出資の払戻しを認めてしまうと、会社財産が減少し、会社財産確保の要請を害することになります。

したがって、株式会社では、退社という方法での出資の払戻しは認められていません。

(3) 株式譲渡自由の原則

さて、そうなると、残された手段は株式の譲渡、すなわち、他人に株式を譲渡して投下資本を回収する方法です。たとえば、ある会社に100万円出資したのだけれど、業績が悪くなってきたので、その出資を回収してその会社から離脱したいと思った場合、株主はもっている株式を他人に売ればよいのです。このとき、120万円で売れれば20万円の儲けになります。逆に、80万円でしか売れなければ20万円の損失になるわけですが、100万円をまるまる失うよりはましです。

会社法のもとでは、株式は、原則として自由に譲渡することができます。これを、株式譲渡自由の原則といいます。127条をみてください。

▶▶▶第127条
株主は、その有する株式を譲渡することができる。

　では、株式譲渡自由の原則の根拠を、「必要性」と「許容性」という視点からもう少し詳しく考えてみましょう。

　まず、なぜ株式の自由な譲渡を認める「必要性」があるのでしょうか。

　それは、退社制度が認められない株式会社では、株式の譲渡以外に投下資本の回収を図る手段がないからです。先ほどお話したように、投下資本の回収ができなければ、誰も株式会社に出資しなくなり、株式会社制度自体が成り立たなくなってしまいます。ここに、株式の自由な譲渡を認める必要性があるのです。

　次に、自由に譲渡してもよいという「許容性」は、なぜ認められるのでしょうか。

　それは、株式会社では、株主の個性が原則として問題にならないからです。

　株式が均等な割合的単位の形をとるのは、株主の個性を喪失させるためでしたね。そして、株主の個性が喪失していれば、誰が株主であるかは、会社にとっても会社債権者にとっても重要ではなくなります。すなわち、株主の個性が問題とならなくなるのです。したがって、株式の譲渡によって株主の地位に変動が生じても、問題がないわけです。

　では、株主の個性が問題にならないというのはどういう意味でしょうか。株主は有限責任しか負っていませんから、株主は会社債権者に対して責任は負わず、会社財産のみが会社債権者にとって唯一の引き当てになります。そのため、会社債権者にとっては、会社財産がどれだけあるのかが重要であって、株主が誰であるかは重要なことではありません。したがって、会社債権者にとって、株主の個性は問題にならないのです。

　また、最初のところでお話したように、株式会社では、業務執行は取締役などに委ねられており、株主に業務執行権はありません。そうすると、

Ⅱ　株式会社……57

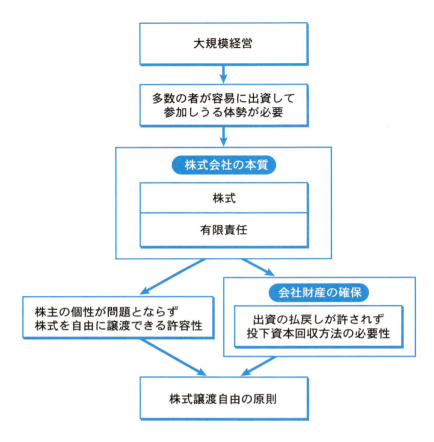

　株主は会社経営に直接参加しないため、会社にとって、株主の個性は会社経営においても基本的には問題とならないのです。
　このような観点から、株式会社において、株主の個性は問題とならず、株式を自由に譲渡できる「許容性」が認められるのです。
　以上が、株式譲渡自由の原則の根拠です。なぜ、株式の譲渡が自由に認められるのかと聞かれたら、それは必要性と許容性があるからだと答えら

れるようにしてください。どちらか一方だけではだめです。必要性とはどういうことかというと、それは、退社制度による出資の払戻しが認められない株式会社では、株式譲渡が唯一の投下資本回収の手段であるということです。そして、許容性とはどういうことかというと、それは、株式会社では、会社にとっても会社債権者にとっても株主の個性が問題にならないということです。非常に重要なことなのでしっかり理解しておいてください。

　ここまでは株式会社のお話でした。では、これが合名会社だとどうでしょうか。

　576条2項をみてください。

　▶▶▶第576条
　〈①　略〉
　②　設立しようとする持分会社が合名会社である場合には、前
　　　項第五号に掲げる事項として、その社員の全部を無限責任社
　　　員とする旨を記載し、又は記録しなければならない。
　〈③以下　略〉

　最初にお話したように、合名会社の社員は、株主のような有限責任を負うのではなく、無限責任を負います。無限責任ですから、社員は、会社債務のすべてを、社員自身の財産をもって弁済する責任を負います。ですから、会社債権者にとっては、誰がこの会社の社員かということが、非常に重要になってきます。この人はきちっと会社の債務を弁済できるような人なのだろうか、そのような資力のある人なのだろうかということが、重要な関心事になってくる。すなわち、社員の個性が重視されるのです。

　このような、社員の責任の違いから、合名会社の社員の投下資本の回収方法は、株式会社の株主の場合とは逆になっています。すなわち、社員が無限責任を負う合名会社では、株式会社のような会社財産確保の要請はは

Ⅱ　株式会社……59

たらきません。そのため、株式会社では禁止される、退社制度による出資の払戻しを認めてもかまわないわけです。逆に、会社にとっても会社債権者にとっても社員の個性が重視されるため、株式会社の場合のように、社員の地位が自由に譲渡されると困ります。そこで、社員の地位である持分の譲渡（株式会社でいう株式譲渡）が制限されるのです。

このように、有限責任か無限責任かという社員の責任の違いによって、投下資本の回収方法に違いが生じてくるということを知っておいてください。

(4) 株式譲渡自由の原則の例外

さて、話を株式の譲渡に戻しましょう。

株式譲渡自由の原則については、しっかり理解できましたか。次に、この原則の例外について考えてみましょう。

先ほど、株式譲渡自由の原則の許容性についてお話しました。要するに、株式の譲渡を自由に認めても、会社および会社債権者に不都合はないから、これを認めてもよいであろうというものでした。

ということは、逆に株式の自由な譲渡を認めることによって会社に不都合が生じる場合は、例外的に譲渡を制限することも許されるということになります。会社法もこのような場合を予定しており、①法律による制限と②定款による制限を設けています。

①法律による制限

これにはまず、権利株の譲渡制限があります（35条、50条2項など）。権利株というのは、会社成立前の株式引受人の地位のことです。権利株の譲渡を認めると、会社は誰に株券を発行してよいのかわからなくなり、会社の事務処理上の便宜に支障をきたすという不都合が生じます。したがって、当事者間では譲渡は有効ですが、その譲渡を会社に主張することができま

60……第1章　会社法

せん。

　同様に、株券発行前の株式の譲渡も、会社の事務処理上の便宜に支障をきたすという不都合が生じるため、当事者間では有効と考えられますが、会社との関係では効力が生じません（128条2項）。もっとも、会社が不当に株券の発行を遅滞している場合には、株主は、いつまでたっても株式譲渡による投下資本の回収ができないという不利益を受けます。そこで、株券の発行に通常必要とされる期間を経過した後は、会社との関係においても、株券発行前の意思表示による譲渡も有効になると解するべきでしょう。

　なお、この規定は、株券を発行する会社（株券発行会社）を前提にした規定です。旧商法下では、株式会社は、必ず株券を発行しなければいけませんでした。しかし、会社法のもとでは、会社は原則として株券を発行しないものとし、株券の発行を定款に定めた場合にかぎって、例外的に株券を発行することとしています（214条）。これは、上場企業などにおいては、株券のペーパーレス化によって株式に高度の流通性をもたせる一方、中小企業などにおいては、株式の市場での流通性を高める必要がないため、株

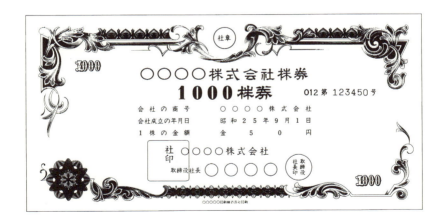

Ⅱ　株式会社……61

券の不発行を認めることにしたのです。

さらに、法律による制限として、子会社による親会社株式の取得の制限があります（135条1項）。これは、親会社が子会社を利用して不当な株価操作を行ったり、親会社の取締役が子会社の取締役を利用して自己の保身を図ったりするといった不都合を防止するためです。

なお、旧商法下では、株式会社が他の株式会社または有限会社の議決権の過半数を有する場合に、保有している会社を親会社、保有されている会社を子会社としていました。しかし、会社法では、対象となる会社を限定せず、判断基準についても、議決権の数ではなく、親会社が子会社の経営を実質的に支配しているかどうかという、より実質的な基準を採用しています（2条3号、4号）。

②定款による制限

株式譲渡自由の原則のところで、許容性のお話をしました。株主の個性が会社経営に影響を及ぼさないので、株式の譲渡による社員の地位の移転を認めても不都合はない、というものでした。

しかし、日本の会社の大多数は、中規模・小規模な会社や、家族で経営しているような零細企業というのが実情です。このような会社では、株主は、数人の知人同士とか社長1人だけといった場合が多く、株主の個性が会社経営に影響を及ぼします。すなわち、株式譲渡自由の原則を認める「許容性」が妥当しない会社がほとんどなのです。このような会社において、株式の自由な譲渡を認めてしまうと、会社経営に好ましくない者が株主になってしまい、その結果、会社経営の安定が害されるおそれがあります。

そこで、そのような現状をふまえて、会社法は、定款で定めることを条件として、すべての株式または一部の種類の株式の譲渡による取得について会社の承認を必要とする、という形で株式の譲渡を制限することを認め

ています（107条2項1号、108条2項4号）。

　譲渡を承認する機関は、取締役会または株主総会です（139条1項本文）。注意していただきたいのは、会社の承認がないからといって一切譲渡を認めないというものではありません。会社にとって好ましくない者を排除するために事前に会社の承認を要求したのであって、承認がなければ譲渡は許さないという制度ではないのです。前述しましたが、株式の譲渡は、株

株券がなくなった

　2009年1月5日から、株券電子化がスタートし、この世の中から上場企業の「株券」という紙がなくなりました。株券が電子化されると、どうなるのでしょうか。

　現在、株券保管振替制度における保管振替機関（いわゆる「ほふり」）が証券会社などを通じて株主から預かった株券をまとめて保管し、売買等による株券の受け渡しを口座振替で処理しています。株券電子化以後は、手元にある株券は無効となり、株主の権利は口座管理機関に開設された口座で電子的に管理され、証券会社等の各口座管理機関がほふりに開設した口座を、ほふりが集約して管理することになります。

　株券が発行されていると、会社名の変更や、株式分割がなされた場合、会社は株券を回収して新たな株券を配り直すといっ

た作業をしなければなりませんでした。また、家で保管しているいわゆるタンス株が火事で燃えてしまったような場合、株券が焼失すればもうそれを売却することができませんでした。これに対し、株券が電子化されれば、株券の印刷代などのコストを会社が負担する必要がなくなりますし、また、電子的に管理した権利を売却できるので、焼失のリスクなどがなくなるといったメリットがあります。

　ただ、電子化といっても入力などの基本的部分は手作業です。入力ミスが原因で年金を受け取れない人が続出した、という年金問題が生じたことは記憶に新しいところです。電子化によるメリットは多々ありますが、電子化によるトラブルをいかに避けるか、という新たな問題への対処も必要となるかもしれません。

II　株式会社……63

主にとって唯一の投下資本回収の手段であり、株式会社の本質的要請です。したがって、これを一切認めないとすると、株式会社自体が成り立たなくなってしまうのです。

　そこで、会社法は、会社の承認が得られなかった場合には、株式会社または会社の指定する指定買取人による買取りの制度を設けており、株主に投下資本の回収手段を保障しています（140条等）。

❽自己株式

　自己株式とは、株式会社が有する自己の株式をいいます（113条4項）。株式会社が自己株式を取得できるのは、法が定めた一定の場合にかぎられます。自己株式の取得が限定される理由は、次の4点です。

　1つ目は、自己株式の有償取得が行われると、株主に対する出資の払戻しをするに等しく、会社財産が減少することになるので、会社債権者を害してしまうという点です。

　2つ目は、株式会社が一部の株主だけから自己株式を取得したり、自己株式取得の価格を不当に高額に設定したりすると、株主間で不平等をもたらすという点です。

　3つ目は、自己株式を取得すると、その分、議決権の総数が減ることになり、株主総会で多数派を占めるために必要な株式数が少なくて済むことになるため、会社経営者等が間接的に支配を強化できる（このような効果を狙って、会社支配権を巡る不公正な取引がなされるおそれがある）という点です。

　4つ目は、インサイダー取引（会社の内部情報を知っている者が、重要情報の開示前に、情報開示による株価変動を予期して株式の売買を行うこと）などの不公正な株式取引を防止する必要があるという点です。

　もともと、旧商法は、これらの理由から自己株式の取得を原則として禁

止していました。しかし、これらの弊害は、自己株式の取得要件などを整備することで対処が可能と考えられます。そこで、法は、一定の要件を満たせば自己株式を取得できることとしたのです。

株式会社は、取得した自己株式を保有していてもよいし、新株を発行するのと同じ手続で自己株式を譲渡することもできます。この点については、後ほど資金調達のところで説明します。

❾株主名簿

株主名簿とは、株主に関する事項を明らかにするため会社法の規定により作成される帳簿をいいます。

前述のとおり、株式の譲渡は原則として自由ですから、多数の株主が絶えず変動する可能性があります。そうなったときに、今は誰が株主なのかを、株式会社が迅速かつ正確に把握する仕組みが必要になります。それが株主名簿です。

株式会社は、株主総会の通知など、大切な通知を株主にするわけですが、その際は株主名簿の記載に従って通知を発送します。このとき、「会社に連絡し忘れていたけれど、私がもっていた株式はすでにＡさんに売ってしまったから、私は株主ではありません（Ａさんが株主です）」など、株主名簿の記載が実際の株主構成と違ってしまうことがありえます。しかし、このような場合に、いちいち誰が本当の株主なのかを確認していては、株式会社の運営に支障が生じてしまいます。

そこで、法は、株主名簿の名義を書き換えなければ株式譲渡を株式会社に対抗することができない（130条1項）としました。また、株式会社は、会社が定めた一定の日（基準日）時点で株主名簿に記載されている株主を、株主としての権利を行使できる者として取り扱えばよいこととされています（124条1項）。

Ⅱ　株式会社……**65**

⓾会社の機関とその役割

　次は機関です。会社を経営していくためには、決めなくてはならない事柄がたくさんあります。日常の経営に関する細かな事柄から、会社自体の存亡に関わる重大な事柄もあります。それでは、誰がこれを決定するのでしょうか。

　会社は法人です。人間ではありません。ですから、法人としての会社の中で、実際に会社を動かす人たちが必要になります。それを会社の機関といいます。

　典型的な会社において、会社の機関は株主総会、それから取締役会、代表取締役、監査役の4つです。

　この4つが、株式会社を運営していく組織のなかで重要な機関とよばれるものです。ちなみに、取締役会というのは、言葉のイメージからわかるように、取締役が集まって会議をする会議体です。ですから、この場合には取締役1人ひとりは機関ではありません。取締役会という会議体が機関なのです。取締役は、その会議体の構成員でしかありません。

　ここで、典型的な会社において、と限定してお話したことには理由があります。それは、会社法では、さまざまな会社の事情に対応するため、会社はその機関を自由に定めることができるとされているのです。たとえば、町工場のような小さな会社では、取締役会をおかないとすることもできます。会社の機関を、株主総会と取締役の2つとすることもできるのです。このような会社の機関設計の自由度は、会社に関わる利害関係人の多さに応じて異なります。公開会社かつ大会社の場合、利害関係人が多数になることから、会社法上、必ず設置しなければならない機関が決まっています。これに対して、公開会社でも大会社でもない場合は、利害関係人も多くないといえるため、機関設計の自由度がとても高いのです。

キーワード　公開会社

すべての種類の株式について譲渡制限がある株式会社以外の株式会社をいう（2条5号）。一部でも譲渡制限のない株式を発行していれば、公開会社に該当する。公開会社ではない株式会社を、一般に、非公開会社または株式譲渡制限会社という。いわゆる上場会社とは意味が異なる。

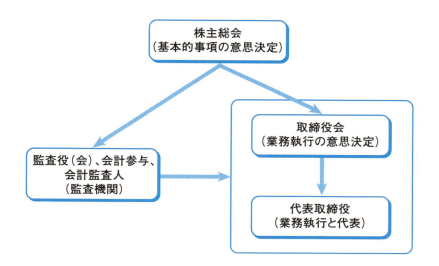

　会社法では、取締役会がおかれている会社のことを取締役会設置会社とよんでいます。一方、取締役会がおかれず、取締役が単独で会社の機関となる会社のことを、取締役会非設置会社とよぶことにします。

　日本国内において、株式会社の大半は中小企業、すなわち取締役会非設置会社なのですが、会社法をこれから勉強するにあたって、まずは典型的な会社、すなわち取締役会設置会社をしっかり理解する必要があります。

　それでは、各機関を個別にみていきます。

(1) 株主総会

　個人企業の所有者が企業の経営支配権を有するのと同様に、本来株主は実質的には株式会社の共同所有者なのですから、企業の経営支配権をもっているはずです。しかし、株主はその数が多いので、全員で会社の経営にあたることは事実上不可能です。また、株主の多くは、株価の値上がりや

> **キーワード　大会社**
> 最終事業年度の貸借対照表上の資本金の額が5億円以上または負債の合計額が200億円以上の株式会社をいう（2条6号）。負債が多い場合も大会社に該当するので注意。

Ⅱ　株式会社……67

配当金を得ることを目的に投資しているのであって、会社の経営には興味もないしその能力もあるとはかぎりません。そこで、株主自身は、定時または臨時に総会を開いて、基本的事項に関して会社の意思を決定します。それが株主総会です。

　実際には、株主総会は、年に1回、多くて月に1回程度開かれるにすぎません。そうすると、株主総会が会社の日常的な業務を決めていくことは事実上不可能ですよね。ですから、株主は会社の経営は取締役という会社経営の専門家に任せているわけです。それでも、会社の根本的な事項についての最後の決断は、所有者である株主に委ねるべきではないでしょうか。たとえば、会社を身売りするとか、分割する、消滅させてしまう、解散させる、といった会社にとってきわめて重要な事項は、株主総会で実質的な所有者である株主が決めるべきでしょう。そこで、株式会社においては、定時や臨時に株主総会を開いて、基本的な事項に関しては株主が会社の意思決定をすることになっています。このように、典型的な株式会社においては、株主総会はあくまで会社の基本的な事項を決定するだけです。

　条文をいくつかみていきましょう。まず、295条をみてください。

> ▶▶▶第295条
> ①　株主総会は、この法律に規定する事項及び株式会社の組織、運営、管理その他株式会社に関する一切の事項について決議をすることができる。
> ②　前項の規定にかかわらず、取締役会設置会社においては、株主総会は、この法律に規定する事項及び定款で定めた事項に限り、決議をすることができる。
> 〈③　略〉

　ここから株主総会の条文が始まります。

　295条2項は、「取締役会設置会社においては、株主総会は、この法律に規定する事項及び定款で定めた事項に限り、決議をすることができる。」と

68……第1章　会社法

しています。取締役会設置会社、つまり典型的な会社においては、株主総会は、会社法と定款に定められた事項にかぎって決議をすることができるというわけです。それ以外の事項については、株主総会で選ばれた取締役たちが、取締役会において決定していくことになります。

　今まで説明してきたことは、取締役会設置会社についてであることに注意してください。295条1項をみてください。

　295条1項は、「株主総会は」「株式会社に関する一切の事項について決議をすることができる」としています。これは、どういうことでしょうか。

　一口に株式会社といっても、その規模は会社によってさまざまです。株主が何千人、何万人といる比較的大きな会社もあれば、町工場のような、株主が数人の小さな会社もあります。このように、規模が異なる会社を1つの規制で規律することは合理的ではありません。むしろ、会社の実態に合わせて、自由に会社の機関を構成できるとしたほうがよりよいといえます。そこで、会社法は、取締役会という機関をおくこともできるし、逆におかないこともできるとしたのです。つまり、取締役会設置会社は大きな会社を念頭においており、取締役会非設置会社は小さな会社を念頭においているといってもいいでしょう。

　そのような小さな会社である取締役会非設置会社では、株主も少数にかぎられていることから、株主全員が集まって会社の業務を皆で決めることが可能です。そこで、株主総会は、会社の業務の一切を決定できる、いわば万能の機関とされているのです。295条1項はこのような趣旨で規定されているのです。

（ⅰ）招集手続

　株主総会を開くためには、事前に株主に連絡をして集まってもらう必要があります。それが招集手続です。

　株主総会は、原則として、取締役が招集して開催します（296条3項）。

Ⅱ　株式会社……69

取締役は、株主総会の日時・場所や株主総会で話し合う事項等（298条1項）を決めた上で、株主に出席の機会と準備を与えるため、2週間前（非公開会社では原則1週間前）までに、株主に対して通知を発します（299条）。もっとも、株主全員の同意があるときは、招集手続を省略することができます（300条）。

（ⅱ）株主提案権

株主総会で話し合う事項は、原則として、取締役が決めます（298条1項2号）。しかし、せっかく株主総会を開くのであれば、株主からも話し合う事項等を提案したくなることがあるでしょう。このような提案をする権利を株主提案権といいます。

株主は、一定の事項を株主総会の目的（議題）とすることを請求することができます（303条1項）。これを議題提案権といいます。議題とは、話し合うテーマのことであり、たとえば「取締役選任の件」などをいいます。

また、株主は、株主総会において、株主総会の目的である事項（議題）について議案を提出することができます（304条）。これを議案提出権といいます。議案とは、テーマに関する具体的な提案のことであり、たとえば、「Aを取締役に選任する」などの提案をいいます。もっとも、株主総会の場でいきなり新しい提案をしても、他の株主は十分な検討をできないため賛同を得にくいでしょう。そこで、株主は、株主総会に先立って、取締役に対し、株主総会の目的である事項について提出しようとする議案の要領を株主に通知することを請求することができます（305条1項）。これを議案要領の通知請求権といいます。

なお、これらの提案権は、株主総会の進行の邪魔にならないよう、行使できる株主や行使方法について細かなルールが定められています。

（ⅲ）議決権

議決権とは、株主総会の決議に加わる権利をいいます。

株主提案権

株主提案権の制度は、制度上株主がみずからの意思を株主総会に訴えることができる権利を保障することにより、株主の疎外感を払拭し、経営者と株主との間または株主相互間のコミュニケーションをよくして、開かれた株主総会を実現しようとするものです。

しかし、近年、1人の株主により膨大な数の議案が提案されたり、株式会社を困惑させる目的で議案が提案されたりするなど、株主提案権が濫用的に行使される事例がみられます。たとえば、1人の株主が100個もの議案を提案するとか、会社の商号や役員の呼称を変なものにするなどという変わった提案もありました。このような濫用的な株主提案権の行使は、株主総会における審議時間の長期化を招いたり、株式会社における検討や招集通知の準備の負担を増加させたりするという弊害を生じさせます。

そこで、現在、会社法改正の動きがあり、改正案のひとつとして、株主が提案できる議案の数を10個までにすることや、不適切な内容の提案を制限することが考えられています。

株主の議決権は、もっぱら株主自身の利益のために行使することができます。そして、株主平等の原則の要請から、1株につき1個の議決権を有するのが原則です（308条1項本文。1株1議決権の原則）。

ただし、定款で単元株制度を採用している会社においては、1単元につき1個の議決権が与えられます（308条1項ただし書）。そのため、1単元に満たない株式には議決権が認められません。この制度は、1単元とされた一定数の株式を有する株主にのみ議決権を認めることにより、株主管理コストを削減することを目的としています。

さて、株主はこの議決権を行使することによって、株主総会でその意思を表明していくことになりますが、当然のことながら、株主ごとに、会社の運営方針に意見の食い違いが出てくることがあります。典型的な会社では、株主は大勢いますから、そのような場合に株主全員の意見を1つにま

とめることは容易ではありません。そこで、株主総会の決議は多数決によることとされているのです（309条）。

　この多数決というのは、1人1票ではなくて、1株1票です。それを資本的多数決とよぶこともあります。取締役も監査役も、多数派の支持を得た者が選任されることになります。さらに、代表取締役も取締役会の多数決によって選定されます。したがって、代表取締役もまた取締役会の多数派から選ばれることになります。このように、株式会社の運営は、徹頭徹尾多数決によってなされます。

　このような運営方法は、大勢の株主の意見を1つにまとめるという意味で合理的な側面を有しているのですが、その一方で、少数派の意見が会社の運営には反映されにくいともいえます。そこで、多数決の濫用とか、多数派の意向のみを反映した会社経営に対してどうやって歯止めをかけるかということが、重要なテーマになってきます。

（iv）多数決の限界と修正

　まず、多数決の限界として、強行法規や株主平等の原則、株主の固有権（多数決によっても奪えない株主の本質的な権利のことで、剰余金の配当請求権などがこれにあたります）を侵害する決議、あるいは内容が実質的に不当な決議は無効になります。

　また、多数決の修正としては、決議に反対した株主による株式買取請求権が認められる場合があります。たとえば、事業譲渡・譲受け等が決められた場合（467条1項）は、株主に株式買取請求権が認められます（469条1項）。さらに、取締役の解任請求権も多数決の修正のひとつです（339条1項）。

> ▶▶▶第469条
> ①　事業譲渡等をする場合（次に掲げる場合を除く。）には、反

対株主は、事業譲渡等をする株式会社に対し、自己の有する
　　株式を公正な価格で買い取ることを請求することができる。
　一　第467条第1項第1号に掲げる行為をする場合において、
　　同項の株主総会の決議と同時に第471条第3号の株主総会の
　　決議がされたとき。
　二　前条第2項に規定する場合（同条第3項に規定する場合を
　　除く。）
　〈②以下　略〉

（ⅴ）議決権の代理行使

　株主は、みずから株主総会に出席してその議決権を行使するのが原則です。しかし、株主が実際に株主総会に参加できないときもあります。そこで、会社法は株主の議決権を実質的に確保する手段のひとつとして、株主が代理人を通じて議決権を行使すること（代理行使）を認めています（310条1項前段）。

　もっとも、多くの会社は、議決権の代理行使の場合において、その代理人の資格を株主にかぎる旨の定款の規定を設けています。これは、株主でない代理人が株主総会に参加することで株主総会がかく乱されることを防止する目的があります。このような目的は正当であるものの、他方で、他の株主から適切な代理人を選べない株主が議決権を行使することができなくなってしまうのも問題です。そこで、代理人資格を株主に限定する旨の定款の定めの有効性が問題となりました。

　判例は、このような定款の定めも有効であるとしました。もっとも、たとえば、会社が株主である場合にその従業員を代理人とする場合や、弁護士を代理人とする場合のように、株主総会をかく乱するおそれのない人を代理人とする場合には、定款規定の効力が及ばず、株主でない代理人を通じて議決権を代理行使することができると考えられています。

（vi）決議方法

　株主総会の決議は多数決によって行われます。もっとも、その要件は決議事項によって異なり、普通決議、特別決議、特殊決議の3つに分けられます。

　普通決議とは、議決権を行使することのできる株主の議決権の過半数を有する株主が出席し（定足数）、出席した株主の議決権の過半数をもって行う決議をいいます（309条1項）。普通決議は、原則的な決議方法です。

　特別決議とは、議決権を行使することのできる株主の議決権の過半数を有する株主が出席し（定足数）、出席した株主の議決権の3分の2以上の多数をもって行う決議をいいます（309条2項柱書前段）。特別決議は、一定の重要事項を決議する場合の決議方法であり、慎重に決議するために普通決議よりも厳しい要件が定められています。

　特殊決議とは、特別決議以上に要件の厳しい決議方法をいいます（309条3項、4項）。

（vii）株主総会決議の瑕疵

　株主総会決議に瑕疵があった場合、本来、決議は無効なはずです。しかし、これを当然に無効としてしまうと決議の法的安定性を害し、会社と取引をした相手方など、多数の利害関係人の利益を害しかねません。そこで、株主の利益保護の要請と決議の法的安定性の要請との調和から、一定の手続を経ないと株主総会決議は無効にはなりません。この手続として、決議取消しの訴え（831条1項）、決議無効確認の訴え（830条2項）、決議不存在確認の訴え（830条1項）の3つが認められています。条文を確認しておきましょう。

　　　▶▶▶第831条
　　①　次の各号に掲げる場合には、株主等（当該各号の株主総会
　　　　等が創立総会又は種類創立総会である場合にあっては、株主

74……第1章　会社法

等、設立時株主、設立時取締役又は設立時監査役）は、株主
総会等の決議の日から3箇月以内に、訴えをもって当該決議
の取消しを請求することができる。当該決議の取消しにより
株主（当該決議が創立総会の決議である場合にあっては、設
立時株主）又は取締役（監査等委員会設置会社にあっては、
監査等委員である取締役又はそれ以外の取締役。以下この項
において同じ。）、監査役若しくは清算人（当該決議が株主総
会又は種類株主総会の決議である場合にあっては第346条第
1項（第479条第4項において準用する場合を含む。）の規定
により取締役、監査役又は清算人としての権利義務を有する
者を含み、当該決議が創立総会又は種類創立総会の決議であ
る場合にあっては設立時取締役（設立しようとする株式会社
が監査等委員会設置会社である場合にあっては、設立時監査
等委員である設立時取締役又はそれ以外の設立時取締役）又
は設立時監査役を含む。）となる者も、同様とする。

一　株主総会等の招集の手続又は決議の方法が法令若しくは定
款に違反し、又は著しく不公正なとき。

二　株主総会等の決議の内容が定款に違反するとき。

三　株主総会等の決議について特別の利害関係を有する者が議
決権を行使したことによって、著しく不当な決議がされたと
き。

〈②　略〉

▶▶▶第830条

①　株主総会若しくは種類株主総会又は創立総会若しくは種類
創立総会（以下この節及び第937条第1項第1号トにおいて
「株主総会等」という。）の決議については、決議が存在しな
いことの確認を、訴えをもって請求することができる。

②　株主総会等の決議については、決議の内容が法令に違反す
ることを理由として、決議が無効であることの確認を、訴え

II　株式会社……75

をもって請求することができる。

（viii）その他の権利

　さて、株主はこのような各種の訴えのほかにも、株主総会において取締役や監査役に会社経営について説明を求めたり（314条本文）、さらに、一定の要件を満たせば、会社に代わって取締役の責任を追及する訴えをみずから提起したり（847条）、みずから株主総会を招集することも可能です（297条）。

> ▶▶▶第314条
> 　取締役、会計参与、監査役及び執行役は、株主総会において、株主から特定の事項について説明を求められた場合には、当該事項について必要な説明をしなければならない。ただし、当該事項が株主総会の目的である事項に関しないものである場合、その説明をすることにより株主の共同の利益を著しく害する場合その他正当な理由がある場合として法務省令で定める場合は、この限りでない。

（ix）総会屋対策

　このような株主の地位を利用して、会社に対して脅迫まがいのことをして金品を要求する人たちも出てきます。いわゆる総会屋とよばれる人たちです。このような人たちは、会社から金品をもらう見返りとして、株主総会で発言しようとする一般株主を威嚇して抑え込んだり、逆に金品がもらえないときには、さまざまな妨害活動を行うことによって株主総会を混乱に陥れたりします。このような人たちが株主総会に参加すると、会社の最高意思決定機関である株主総会の健全な運営、ひいては健全な会社経営が阻害されることになります。そこで、会社法はさまざまな規定を設けて総会屋の締め出しを図っています。

　まず、会社が株主等の権利行使に関して財産上の利益を与えることを禁止し（120条1項）、これに違反して利益を受けた者には返還義務を課し

76……第1章　会社法

（120条 3 項）、利益を与えた取締役のほうもその価額を会社に返還しなければなりません（120条 4 項本文）。さらに、利益を供与した取締役等に対する刑事罰も定められています（970条）。

▶▶▶第120条
① 株式会社は、何人に対しても、株主の権利、当該株式会社に係る適格旧株主（第847条の 2 第 9 項に規定する適格旧株主をいう。）の権利又は当該株式会社の最終完全親会社等（第847条の 3 第 1 項に規定する最終完全親会社等をいう。）の株主の権利の行使に関し、財産上の利益の供与（当該株式会社又はその子会社の計算においてするものに限る。以下この条において同じ。）をしてはならない。
〈② 略〉
③ 株式会社が第 1 項の規定に違反して財産上の利益の供与をしたときは、当該利益の供与を受けた者は、これを当該株式会社又はその子会社に返還しなければならない。この場合において、当該利益の供与を受けた者は、当該株式会社又はその子会社に対して当該利益と引換えに給付をしたものがあるときは、その返還を受けることができる。
④ 株式会社が第 1 項の規定に違反して財産上の利益の供与をしたときは、当該利益の供与をすることに関与した取締役（指名委員会等設置会社にあっては、執行役を含む。以下この項において同じ。）として法務省令で定める者は、当該株式会社に対して、連帯して、供与した利益の価額に相当する額を支払う義務を負う。ただし、その者（当該利益の供与をした取締役を除く。）がその職務を行うについて注意を怠らなかったことを証明した場合は、この限りでない。
〈⑤ 略〉
▶▶▶第970条
① 第960第 1 項第 3 号から第 6 号までに掲げる者又はその他

II　株式会社……77

の株式会社の使用人が、株主の権利、当該株式会社に係る適
格旧株主（第847条の2第9項に規定する適格旧株主をいう。
第3項において同じ。）の権利又は当該株式会社の最終完全
親会社等（第847条の3第1項に規定する最終完全親会社等
をいう。第3項において同じ。）の株主の権利の行使に関し、
当該株式会社又はその子会社の計算において財産上の利益を
供与したときは、3年以下の懲役又は300万円以下の罰金に
処する。
〈②以下　略〉

　また、株式の譲渡による取得にはその株式会社の承認を必要とする旨を
定款で定めることができるとしているのも（107条1項1号、108条1項4
号）、こうした総会屋対策の一環です。

(2) 取締役会

　では、会社経営や日常的な業務は誰が行うのでしょうか。典型的な会社
において、株主総会が決めるのは基本的事項についてのみですから、それ
だけでは会社の運営はできません。全株主に代わって会社の運営に関する
細目を決定し、さらに、会社を代表してその決定を実行に移す執行機関が
必要になります。そこで、会社法は、株主総会において選任された取締役
で構成される取締役会に会社の業務執行に関する意思決定を行わせ、さら
に、取締役会は取締役の中から代表取締役を選定して会社を代表させ、業
務執行を行わせることとしました。要するに、取締役が集まって取締役会
を開き会社の意思を決定し、その取締役会で選ばれた代表取締役が、実際
には会社の業務を執行し、会社を代表して運営していくのです。

（ⅰ）招集手続
　個々の取締役は、それぞれ取締役会の招集決定権をもち、原則としてみ
ずから招集を行うことができます（366条1項本文）。また、監査役も、取

締役が不正行為をした場合等には取締役会を招集することができます（383条2項から4項まで）。

　取締役会を招集するには、会日から1週間前までに各取締役に招集通知を発しなければなりません。もっとも、この期間は定款によって短縮することができますし（368条1項）、全員が同意すれば招集手続なしで開催することもできます（368条2項）。また、招集通知は任意の方法で発すれば足り、会議の目的事項等を特定する必要はありません。

　招集権者や招集通知の方法等は、株主総会との違いを意識して押さえておきましょう。

（ⅱ）取締役会の決議方法

　先ほど説明したとおり、取締役会の決議も株主総会の場合と同様に、多数決によって行われます。しかし、株主総会の決議と異なり、取締役会の決議は1人1票です。これは、取締役が株主総会において個人的信頼に基づいて選任されるからです。

（ⅲ）特別利害関係を有する取締役

　決議について特別の利害関係を有する取締役は、議決に加わることができません（369条2項）。そして、特別の利害関係とは、取締役の忠実義務違反をもたらすおそれのある、株式会社の利益と衝突する取締役の個人的利害関係をいいます。369条の趣旨は、このような取締役が取締役会に参加すると決議の公正が害されるため、事前に排除することで決議の公正を確保する点にあります。

　特別の利害関係が認められる例としては、たとえば、株式会社と取締役の間の取引の承認決議（356条1項、365条1項）をする場合の当該取締役があげられます。また、判例は、代表取締役の解職決議の対象となる代表取締役は、特別利害関係人にあたるとしています。他方で、代表取締役の選定決議の対象となる取締役は、特別利害関係人にあたらないと考えられ

ています。

　なお、株主総会では、特別の利害関係を有する株主の議決権行使を制限していません。ただし、特別の利害関係を有している株主が議決権を行使したことにより著しく不当な決議がなされたときは、決議の取消事由（831条1項3号）となります。

（iv）取締役会の権限

　362条をみてください。

▶▶▶第362条

① 取締役会は、すべての取締役で組織する。

② 取締役会は、次に掲げる職務を行う。

一 取締役会設置会社の業務執行の決定

二 取締役の職務の執行の監督

三 代表取締役の選定及び解職

③ 取締役会は、取締役の中から代表取締役を選定しなければならない。

④ 取締役会は、次に掲げる事項その他の重要な業務執行の決定を取締役に委任することができない。

一 重要な財産の処分及び譲受け

二 多額の借財

三 支配人その他の重要な使用人の選任及び解任

四 支店その他の重要な組織の設置、変更及び廃止

五 第676条第1号に掲げる事項その他の社債を引き受ける者の募集に関する重要な事項として法務省令で定める事項

六 取締役の職務の執行が法令及び定款に適合することを確保するための体制その他株式会社の業務並びに当該株式会社及びその子会社から成る企業集団の業務の適正を確保するために必要なものとして法務省令で定める体制の整備

七 第426条第1項の規定による定款の定めに基づく第423条第

80……第1章　会社法

1項の責任の免除

⑤　大会社である取締役会設置会社においては、取締役会は、前項第6号に掲げる事項を決定しなければならない。

コンプライアンスと内部統制

エネルギー取引で世界最大手だったアメリカのエンロン社が粉飾決算によって破綻しました。これは世界の景気を大きく左右し、ドキュメンタリー映画がつくられるほどの大事件でした。エンロン事件や、国内でのカネボウ粉飾決算事件、ライブドア事件などを通じて、コンプライアンスという言葉が頻繁に出てくるようになりました。コンプライアンスとは、通常、「法令遵守」と訳される英語です。ここにいう法令のうち重要なものとして、会社法や金融商品取引法（いわゆるJSOX法）などがあげられます。

なぜ、今コンプライアンスが必要なのでしょうか。原因のひとつに、社会的背景の変化、特に規制緩和に伴う自己管理の必要性が重視されるようになったことが考えられます。

規制緩和は、行政等による規制の代わりに、市場によるコントロールを重視する仕組みです。そうすると、規制を緩和したとしても、その前提として必要となる市場の公正性や透明性を確保するための法規制は、むしろ強化されることになります。そこで、新会社法やJSOX法などによる規制が強化されることになるのです。

このようなコンプライアンスに関連して、内部統制という概念が重要となります。内部統制とは、金融絡みの不正が行われた場合に正確な財務報告ができずに市場を混乱させてしまうことを未然に防ぐため、業務の進め方を改善し、問題が生じたときにも迅速にチェックができる仕組みを整備しようというものです。この内部統制システムの構築は、資本金5億円以上か負債総額200億円以上の大会社において、取締役、取締役会の権限・責務とされています（会社法348条3項4号、362条4項6号）。

このようにみてくると、コンプライアンスは単なる「法令遵守」にとどまらないことがわかります。組織の外部からの強制力ある規範だけでなく、内部の行動規範をも遵守することが求められているのです。

II　株式会社……81

362条2項が取締役会の権限を定めています。まず、取締役会は、会社の業務執行に関する意思決定をします。会社がどういう業務を行うかということを取締役会が決めるということです。次に、取締役会は、取締役の職務の執行を監督します。特にここでは代表取締役の職務の監督が重要な仕事になります。さらに、取締役会は、代表取締役を選定し解職する権限を有します。

では、具体的にどういう業務を決めるかというと、362条4項に「取締役会は、次に掲げる事項その他の重要な業務執行の決定を取締役に委任することができない」と書いてあります。これはどういうことかというと、4項に書いてある事柄は特に重要だから、「取締役」、この場合の取締役は代表取締役ですが、代表取締役に勝手に決めさせてはいけない、言い換えれば、4項に掲げる重要な事柄は、必ず取締役会が決めなければならないという意味です。たとえば、1号「重要な財産の処分及び譲受け」、2号「多額の借財」、とか、そういう事柄については取締役会できちんと決めなければならないということになっています。

（3）取締役

先ほど、少しだけお話しましたが、株式会社には、取締役会設置会社と取締役会非設置会社とがあります。このうち、取締役会設置会社における取締役は、会社の機関である取締役会の構成員の1人にすぎませんでした。これに対して、取締役会非設置会社における取締役は、会社の業務を執行し、原則として会社を代表することを任務とする、独任制の必要的機関です。ここは注意が必要です。348条1項をみてください。

▶▶▶第348条
① 取締役は、定款に別段の定めがある場合を除き、株式会社（取締役会設置会社を除く。以下この条において同じ。）の業

務を執行する。

〈②以下　略〉

　348条1項は、「取締役は」「株式会社の業務を執行する」としています。よく条文を読むと、括弧書の中に、「取締役会設置会社を除く」とされています。これは、取締役会非設置会社における取締役は、会社の業務を執行する機関だということを意味するとともに、取締役会設置会社における取締役は、会社の機関ではないということをも意味しているのです。

　ここでは、取締役といっても、取締役会設置会社の場合と取締役会非設置会社の場合とでは、その地位に大きな違いがあるという点に注意しておいてください。

（ⅰ）取締役の選任・解任

　329条1項をみてください。

▶▶▶第329条

①　役員（取締役、会計参与及び監査役をいう。以下この節、第371条第4項及び第394条第3項において同じ。）及び会計監査人は、株主総会の決議によって選任する。

〈②以下　略〉

　329条1項には、「取締役……は、株主総会の決議によって選任する」と書いてあります。さらに、339条1項をみてください。

▶▶▶第339条

①　役員及び会計監査人は、いつでも、株主総会の決議によって解任することができる。

〈②以下　略〉

　「役員」、つまり取締役は「いつでも、株主総会の決議によって解任することができる」と書いてあります。この2つの条文が取締役の選任・解任の基本的な条文です。

　取締役と会社との関係は、取締役が会社の実質的所有者である株主から

Ⅱ　株式会社……**83**

会社の経営を委任されているという関係にあります。330条が、「株式会社と役員……との関係は、委任に関する規定に従う」としているのは、このことを指しています。ここに、委任とは、法律行為をなすことを相手方に委託することをいいます。

　株主総会は、会社に代わって、取締役を選任することによって委任契約の申込みをします。そして、取締役がその申込みを承諾することによって委任契約が成立します。そして、その委任契約の内容として、会社の業務に関する大幅な権限が取締役に与えられることになるのです。

(ⅱ) 忠実義務

　このように取締役は、会社と委任関係に立つことから、取締役は会社に対して、民法上の善管注意義務を負います（330条・民法644条）。さらに、取締役は、355条によって会社法上の忠実義務を負います。

> ▶▶▶第355条
> 　取締役は、法令及び定款並びに株主総会の決議を遵守し、株式会社のため忠実にその職務を行わなければならない。

　この忠実義務というのは、取締役が会社の利益を害することがないように、もっぱら会社のために働きなさいという義務のことで、善管注意義務を具体的にかつ注意的に規定したものといわれています。たとえば、取締役は、取締役同士お互いに、それぞれの行為が法令や定款に従って適法・適正になされているかを監視しあう義務を負っているのです。

　このように、取締役には会社に対する忠実義務が課されているので、取締役は会社のために、言い換えれば株主のために利益があがるように会社を経営しなければなりません。しかし、取締役には大幅な権限が与えられており、その権限を自分の私利私欲のために濫用する危険が常に存在しているのです。そこで、取締役の権限濫用から会社の利益、ひいては株主の利益を守る必要があるため、会社法は取締役に忠実義務という一般的な義

務を課すだけでなく、更に具体的な歯止めをかけているのです。

では、会社法はどういう歯止めをかけているのでしょうか。

歯止めの1つ目は、取締役の競業避止義務です。356条1項1号をみてください。

a. 競業避止義務

▶▶▶第356条
① 取締役は、次に掲げる場合には、株主総会において、当該取引につき重要な事実を開示し、その承認を受けなければならない。
一 取締役が自己又は第三者のために株式会社の事業の部類に属する取引をしようとするとき。
〈二以下　略〉

この条文は、ちょっと読んだだけでは意味がわからないかもしれませんが、これは、取締役が、会社の事業と同じような仕事を個人的に行うときには、あらかじめ株主総会に、その取引に関する重要事項を知らせ、承認を得ておかなければダメだという意味です。もう少し別の言い方をすれば、取締役は、会社と競争関係になるような仕事を勝手にやってはいけない、株主総会の承認が必要だということです。

では、なぜ勝手にやってはいけないのでしょうか。取締役は、会社のノウハウとか、取引先に関する情報とか、いろいろなことを知っています。取締役が、それらの知識を使って、会社と競争関係になるようなことをやったら、取締役は、会社の利益を食い物にして私利私欲を図ることができてしまう。その分、会社は損害を被ることになる。それだけではなく、会社は取引先までも失ってしまう。これは、やはりマズイだろうということです。これを競業避止義務といいます。

Ⅱ　株式会社……85

b．利益相反取引規制

　2つ目は、取締役による利益相反取引の規制です。356条1項2号と3号をみてください。

> ▶▶▶第356条
> 〈①一　略〉
> 　二　取締役が自己又は第三者のために株式会社と取引をしよう
> 　　　とするとき。
> 　三　株式会社が取締役の債務を保証することその他取締役以外
> 　　　の者との間において株式会社と当該取締役との利益が相反す
> 　　　る取引をしようとするとき。
> 〈②　略〉

　利益相反取引とは、自分または第三者の利益を図れば会社は損害を受けるような取引のことをいいます。すなわち、会社と取締役との双方の利害が相反する行為です。

　利益相反取引には、直接取引と間接取引の2種類があります。

　直接取引とは、株式会社と取締役とが直接的に取引をする場合をいいます。

　たとえば、取締役が個人的に土地を所有していたとします。誰かに売りたいと考えていたのですが、買い手が見つかりませんでした。そのとき、「そうだ、自分が取締役をしている会社に買わせてしまえばいい」と思いつくわけです。そこで、取締役は、実際には5000万円の価値しかないその土地を、会社に1億円で買い取らせようと考えます。実際に、このような取引が成立すれば、会社は5000万円の損害を被り、取締役は5000万円の利益を得ることになります。これが、直接取引です。

　間接取引とは、株式会社が取締役の債務を保証する等、取締役以外の第三者との間で、会社と取締役の利益が相反するような取引をする場合をいいます。このような場合にも、取締役が利益を得る反面、株式会社の利益

が害されるおそれがあるため、利益相反取引にあたります。

　このような利益相反取引を取締役の独断で行えるとしたのでは、会社の利益が著しく害されるおそれがあります。そこで、取締役が利益相反取引を行う場合には、株主総会の承認を必要としたのです。

ｃ．報酬決定の制限

　3つ目として、もっともわかりやすいのが、取締役の報酬についてです。361条をみてください。

> ▶▶▶第361条
> ①　取締役の報酬、賞与その他の職務執行の対価として株式会社から受ける財産上の利益（以下この章において「報酬等」という。）についての次に掲げる事項は、定款に当該事項を定めていないときは、株主総会の決議によって定める。
> 一　報酬等のうち額が確定しているものについては、その額
> 二　報酬等のうち額が確定していないものについては、その具体的な算定方法
> 三　報酬等のうち金銭でないものについては、その具体的な内容
> 〈②　略〉

　361条では、取締役の報酬は、定款または株主総会の決議で決めることになっています。なぜでしょうか。本来、各取締役にどれだけの報酬を支払うかということは業務執行行為の性質がありますから、その報酬額の決定も取締役会あるいは取締役の権限に属するはずです。しかし、自分たちの報酬を自分たちで決めるということになると、いわゆるお手盛りの危険があるわけです。つまり、自分でご飯のお代わりをするときには山盛りにするのと同じように、自分で自分の給料を決めることができるとすると、どんどん給料の額を増やしていってしまうわけです。当たり前に思えることですね。このようなお手盛りの危険を防止するために、取締役の報酬は定

Ⅱ　株式会社……87

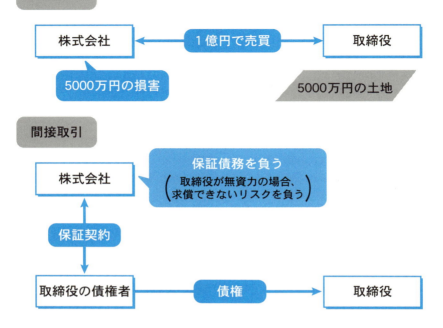

款や株主総会の決議で決めましょう、取締役は勝手に自分たちで自分たちの報酬を決めることはできません、というのが361条です。

　競業避止義務、利益相反取引規制、報酬決定の制限、この3つは、セットにして覚えておいてください。

(ⅲ) 取締役の責任

　取締役がもし悪いことをしたときには、罰則を含めて強い制裁が科されています。たとえば、取締役は、会社に対して損害賠償責任を負わされたりします。423条1項をみてください。

▶▶▶第423条

① 取締役、会計参与、監査役、執行役又は会計監査人（以下
　この節において「役員等」という。）は、その任務を怠ったと
　きは、株式会社に対し、これによって生じた損害を賠償する
　責任を負う。

〈②以下　略〉

「その任務を怠ったとき」とは、法令や定款に違反する行為をいいます。
先の取締役の善管注意義務や忠実義務に違反した場合も、法令違反として
これにあたります。このような行為は任務懈怠といいますが、その行為に
よって会社に損害が生じた場合には、取締役は会社に対して損害賠償責任
を負わなければなりません。

　もっとも、取締役が任務懈怠を行えば、必ず損害賠償責任を負わなけれ
ばならないとすると、取締役は責任をおそれて萎縮してしまい十分な経営
手腕を発揮できなくなってしまうという弊害が生じてしまいます。そのよ
うな事態になれば、会社は発展しないし、その結果会社の収益が落ちれば、
株主としても配当が減ってしまうという不利益を被ることになってしまい
ます。

　そこで、取締役は、任務懈怠があったとしても、過失がなければ損害賠
償責任は負わないことになっています。これは、428条1項が「任務を怠っ
たこと」と「責めに帰することができない事由によるものであること」と
を区別していることから明らかです（二元説）。つまり、取締役の会社に対
する責任は、過失責任が原則とされているのです。

▶▶▶第428条

① 第356条第1項第2号（第419条第2項において準用する場
　合を含む。）の取引（自己のためにした取引に限る。）を
　した取締役又は執行役の第423条第1項の責任は、任務を怠った
　ことが当該取締役又は執行役の責めに帰することができない
　事由によるものであることをもって免れることができない。

II　株式会社……89

〈②　略〉

　同様の趣旨から、一定の場合には、株主総会の決議によって損害賠償額の全部または一部を免除することが認められていたり、損害賠償額の最高限度を定める契約を結んだりすることもできます。

　さらに、429条1項は取締役が第三者に損害を与えた場合の責任について規定しています。たとえば、取締役が過大な設備投資をして会社を倒産させてしまったとか、回収できないのがわかっていながらお金を貸してしまい結果として会社を倒産させてしまったとかして、会社債権者が多大な損害を被った場合には、取締役は第三者である会社債権者に対しても損害賠償責任を負うこともあるということです。

▶▶▶第429条
①　役員等がその職務を行うについて悪意又は重大な過失があったときは、当該役員等は、これによって第三者に生じた損害を賠償する責任を負う。
②　次の各号に掲げる者が、当該各号に定める行為をしたときも、前項と同様とする。ただし、その者が当該行為をすることについて注意を怠らなかったことを証明したときは、この限りでない。
一　取締役及び執行役　次に掲げる行為
イ　株式、新株予約権、社債若しくは新株予約権付社債を引き受ける者の募集をする際に通知しなければならない重要な事項についての虚偽の通知又は当該募集のための当該株式会社の事業その他の事項に関する説明に用いた資料についての虚偽の記載若しくは記録
ロ　計算書類及び事業報告並びにこれらの附属明細書並びに臨時計算書類に記載し、又は記録すべき重要な事項についての虚偽の記載又は記録
ハ　虚偽の登記

90……第1章　会社法

二　虚偽の公告（第440条第3項に規定する措置を含む。）
　〈二以下　略〉

（ⅳ）株主等による責任追及

　取締役の責任は、本来であれば、株式会社が追及すべきものです。しか

経営判断の原則

　取締役が、会社の経営において経営者としての注意を欠いた場合には、善管注意義務違反となります。しかし、会社の経営には一定のリスクを伴うものです。取締役が経営判断をするにあたり、将来の完全かつ正確な判断を要求することは困難といえます。やってみなければわからないことも多いはずです。特に、ベンチャー企業などでは誰もやっていないことにチャレンジしていかなければ成功を遂げるのは難しいでしょう。それにもかかわらず、経営判断に誤りがあれば、常に取締役の善管注意義務違反の責任を問うことができるというのでは経営者は過度に萎縮してしまいかねません。

　そこで、たとえ取締役の経営判断が会社に損害を与える結果となっても、当該判断が誠実かつ合理的な範囲でなされた場合には、注意義務違反とはならないという考え方が出てきます。これを経営判断の原則といいます。

　判例も、「事業再編計画の策定は、完全子会社とすることのメリットの評価を含め、将来予測にわたる経営上の専門的判断にゆだねられていると解される。そして、この場合における株式取得の方法や価格についても、取締役において、株式の評価額のほか、取得の必要性、参加人の財務上の負担、株式の取得を円滑に進める必要性の程度等をも総合考慮して決定することができ、その決定の過程、内容に著しく不合理な点がない限り、取締役としての善管注意義務に違反するものではないと解すべきである」と判示し（最判平成22年7月15日）、経営判断の原則に基づいて取締役の善管注意義務を否定しています。

　この判例によれば、経営者は多少のリスクがあっても新しいチャレンジをすることができますが、それでもその会社のおかれた状況に応じた、合理的なものでなければならないということになります。

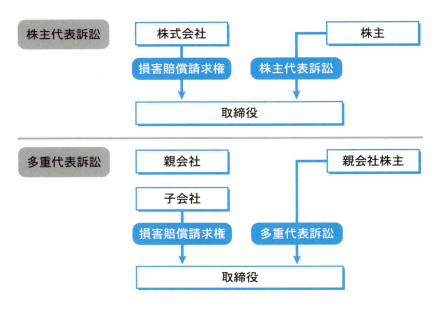

し、取締役間の同僚意識などから、株式会社が取締役の責任追及を懈怠することがあります。

そこで、法は、個々の株主が、株式会社に代わって、取締役の責任を追及する訴えを提起できる制度を設けています。これを株主代表訴訟といいます。

また、2014（平成26）年会社法改正によって、一定の要件を満たす場合に、親会社の株主が子会社の役員の責任を追及する訴えを提起できる制度が設けられました。これを特定責任追及の訴え、または、多重代表訴訟といいます。

(4) 代表取締役

会社法のもとでは、原則として取締役が株式会社を代表します（349条1

項本文）。また、取締役が複数いる場合であっても、取締役は各自株式会社を代表する権限をもっています（349条2項）。つまり、各取締役が、原則として株式会社を代表する権限をもっているのです。これを、各自代表の原則といいます。

▶▶▶第349条
① 取締役は、株式会社を代表する。ただし、他に代表取締役その他株式会社を代表する者を定めた場合は、この限りでない。
② 前項本文の取締役が2人以上ある場合には、取締役は、各自、株式会社を代表する。

1項中のただし書をみてください。「他に代表取締役……を定めた場合には、この限りでない」としています。代表取締役を選定した場合には、代表取締役が株式会社を代表し、それ以外の取締役は代表権を有しません。

ここで、代表取締役とは、株式会社を代表する取締役をいいます。47条1項をみてください。この条文は、設立時代表取締役の選定に関する規定なのですが、そのなかに代表取締役の定義があります。なかなか見つけづらいところにあるので注意してください。

▶▶▶第47条
① 設立時取締役は、設立しようとする株式会社が取締役会設置会社（委員会設置会社を除く。）である場合には、設立時取締役の中から株式会社の設立に際して代表取締役（株式会社を代表する取締役をいう。以下同じ。）となる者（以下「設立時代表取締役」という。）を選定しなければならない。
〈②以下　略〉

（ⅰ）代表取締役の選定
では、代表取締役はどのように選定されるのでしょうか。362条2項と

Ⅱ　株式会社……93

3項をみてください。

▶▶▶第362条

〈① 略〉

② 取締役会は、次に掲げる職務を行う。

一 取締役会設置会社の業務執行の決定

二 取締役の職務の執行の監督

三 代表取締役の選定及び解職

③ 取締役会は、取締役の中から代表取締役を選定しなければ
ならない。

〈④以下 略〉

　取締役会設置会社においては、代表取締役は、取締役の中から取締役会の決議によって選定しなければならないとされています。株主総会によって取締役が選ばれ、取締役が取締役会という会議体を構成し、その取締役会で代表取締役が選ばれることになるのです。つまり、取締役会設置会社では、取締役会の決議によって取締役の中から選定された代表取締役のみが会社の代表権限を有していて、単なる取締役は代表権限がないということです。先ほどお話した各自代表の原則の例外にあたります。

　わかりにくいところなので、もう一度、代表取締役について整理しておきましょう。

　代表取締役とは、株式会社を代表する取締役のことをいいます。そして、誰が株式会社を代表する取締役であるのかは、取締役会が設置されているか否かによって異なります。つまり、取締役会を設置していない会社では、原則として各取締役がそれぞれ会社を代表するから、各取締役が代表取締役ということになります。これに対して、取締役会設置会社では、取締役会が取締役の中から代表取締役を選定し、その人が会社を代表するので、それ以外の取締役は代表取締役ではなく、取締役会という会議体を構成するメンバーの1人にすぎないということになるのです。

ところでみなさん、これまで私が「選任」と「選定」という言葉を使い分けていることにお気づきですか。

　取締役は、株主総会において「選任」されます。これに対して、取締役会設置会社では代表取締役は、取締役会において取締役の中から「選定」されるというお話をしました。「選任」も「選定」も、選ばれるという意味では同じですよね。では、なぜ会社法は両者を使い分けているかといいますと、「選任」は、何も役職がない人の中から選ぶときに使います。これに対して、「選定」は、すでに何らかの役職に「選任」されている人の中から、更に一定の職務を行う人を選ぶときに使うと考えてください。ちなみに、「選任」の反対は「解任」、「選定」の反対は「解職」です。

選任	何も役職がない人から選ぶ e.g. 取締役の選任	解任	選任の反対 e.g. 取締役の地位を失わせる
選定	すでに何らかの役職に「選任」されている人の中から、更に一定の職務を行う人を選ぶ e.g. 取締役の中から代表取締役を選ぶ	解職	選定の反対 e.g. 代表取締役の代表権を失わせ、平の取締役にする

（ⅱ）決議に基づかない代表取締役の行為の効力

　代表取締役は、株式会社を代表する取締役です。日常的な業務については、通常、取締役会から代表取締役に委譲されているので、代表取締役はみずから意思決定をして執行することができます。これに対して、株式会社にとって重要な事項については、会社法上、株主総会や取締役会の決議

Ⅱ　株式会社……95

を経ることが求められることがあります。

　では、代表取締役がこれらの決議を経ることなく行動してしまった場合に、その行為の効力はどうなるでしょうか。行為の内容にもよりますが、判例は、原則として無効としつつ、無効としてしまうと第三者の取引の安全を害してしまう場合には有効とする傾向にあります。

（iii）表見代表取締役

　表見代表取締役とは、社長、副社長といった会社の代表権があるものと認められるような名称が付けられているが、実は会社の代表権限がない取締役のことをいいます。

　ここでぜひ知っておいてほしいのですが、社長とか副社長という言葉は法律用語ではないということです。会社法では、会社の機関として地位をあらわす言葉としては、取締役とか代表取締役、監査役といったものしかありません。日常的には、社長とか副社長、会長、専務、常務、あるいは部長、課長といったさまざまな役職をあらわす言葉がありますが、これらは少なくとも会社法の世界ではあまり関係のないよび名なのです。たしかに、通常、社長は代表取締役社長なので、日常的には、社長と代表取締役とは同じ意味で使われることが多いかもしれません。しかし、必ずしも社長は代表取締役でなければならないというわけではないのです。そこで、会社法を勉強する際には、社長、副社長といったよび名と、取締役、代表取締役といった会社法上の概念とは切り離して考えてください。

　たとえば、お父さんが会社を経営していて、長男がお父さんから会社を引き継いで若社長になり、お父さんは会長になったとします。若社長のほうは一応社長ですが、まだ技量が十分ではなく会社の経営を任せられないというときには、会長が代表取締役会長で、社長は平取締役社長とすることもできます。逆に、お父さんは高齢なので会長に退いてもらい、実際の会社経営は若社長が行うというときには、会長は代表権限のない平取締役

96……第1章　会社法

会長で、社長は代表取締役社長とすることもできるのです。

　大きな会社でいえば、会社に採用されると、まず平社員からスタートして、主任、係長、課長、部長と昇進していき、更に専務、副社長と出世の階段を上っていくわけです。しかし、それは会社の中における単なるランク付けであって、会社法においては何ら関係のない地位なのです。

　このような会社では、営業部長とか人事部長、総務部長といった役職につくようになると、取締役営業部長という地位が与えられ取締役になったりします。また、副社長、社長といった人たちは皆代表取締役だったりします。会社法上意味があるのは、部長とか社長といった会社の中におけるランク付けではなく、機関としての取締役会の構成員である取締役なのか、代表権限を有する取締役なのか、監査役なのかといったことなのです。

　このように、日常的に使う部長、副社長、社長、会長という話と、会社法で出てくる取締役、代表取締役、監査役という話とはまったく異なる概念であることを知っていてください。

　では、改めて354条をみてください。

　　▶▶▶第354条
　　株式会社は、代表取締役以外の取締役に社長、副社長その他株式会社を代表する権限を有するものと認められる名称を付した場合には、当該取締役がした行為について、善意の第三者に対してその責任を負う。

　表見代表取締役の規定です。

　社長とか副社長という言葉は法律用語ではないということは、前述の通りです。しかし、いくら法律はそうなっているんだといっても、これまで長い間積み重ねられてきた実務上の習慣は変わりません。

　通常の会社であれば、社長や副社長という名称がつけられている人は代表権限がある取締役であることが多いのです。そこで、実務上、会社と取

Ⅱ　株式会社……97

引する人は、その相手方が会社の社長であったり副社長であったりすれば、その人は会社の代表権限をもっているはずだと信じて取引をします。

　たしかに、その取引の相手方が代表取締役か否かは、会社の登記簿をみれば書いてあります。でも、会社と取引をするたびに登記簿を確認しないといけないのでは、面倒くさくて円滑な取引ができなくなってしまいます。

　そこで、社長や副社長といった名称を会社から与えられた者を代表取締役であると誤信して取引をした相手方は、もしその者に代表権限が与えられていなかったとしても、一定の場合は保護されるというのが354条の規定なのです。

　このように表見代表取締役の規定は、実務と法律との調整を図っている規定といえるのです。

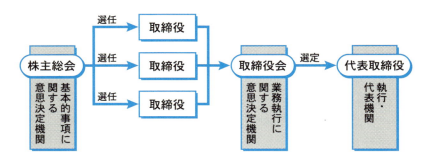

(5) 会計参与

374条1項をみてください。

▶▶▶第374条
① 会計参与は、取締役と共同して、計算書類（第435条第2項に規定する計算書類をいう。以下この章において同じ。）及

びその附属明細書、臨時計算書類（第441条第１項に規定する
臨時計算書類をいう。以下この章において同じ。）並びに連
結計算書類（第444条第１項に規定する連結計算書類をいう。
第396条第１項において同じ。）を作成する。この場合におい
て、会計参与は、法務省令で定めるところにより、会計参与
報告を作成しなければならない。
〈②以下　略〉

　会計参与とは、取締役と共同して、計算書類等を作成する者のことをい
います。計算書類とは、ここでは会社の財務状況をあらわす書類（貸借対
照表や損益計算書など）のことをいうと考えておいてください。

　株式会社は、計算書類等を事業年度ごとに作成しなければなりません。
実際は、取締役が会社の業務執行の一環としてこの計算書類等を作成しま
す。

　計算書類等は、会社の財務状況を知る上でとても重要な書類ですから、
正確に作成されなければなりません。そこで、会社は会計参与という機関
を設置して、取締役と共同して計算書類等を作成させ、その正確性を担保
しようとしているのです。

（6）監査役・監査役会

（ｉ）監査役の選任

　まず、327条２項本文をみてください。

　　▶▶▶第327条
　　〈①　略〉
　　　②　取締役会設置会社（監査等委員会設置会社及び指名委員
　　会等設置会社を除く。）は、監査役を置かなければならない。
　　ただし、公開会社でない会計参与設置会社については、この
　　限りでない。
　　〈③以下　略〉

Ⅱ　株式会社……99

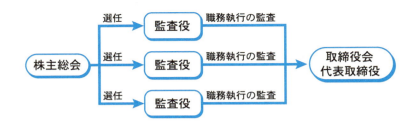

　すでにお話したとおり、典型的な会社においては、会社の最高意思決定機関である株主総会は、会社の基本的事項の決定権のみを残して、会社の業務執行一般を取締役会に委任しています。したがって、取締役会は会社の業務執行に関して広汎かつ強大な権限をもつことになります。そして、取締役会の構成員である取締役がその権限を濫用して会社に損害を与えたり、そこまでいかないにしても取締役がその職務を懈怠して会社に損害を与えたりするおそれもあります。そのため、取締役がきちんと職務を執行しているかどうかを監督する必要が出てきます。そこで、株主総会は、取締役の解任権と決算の承認とによってみずから取締役を監督するほか、更に監査役を選任して取締役の職務執行の監査に常時あたらせることとしたのです。327条2項本文は、そのような趣旨で規定されているのです。

　そして、監査役は株主総会の決議によって選任されることになります。329条1項をみてください。

　　　▶▶▶第329条
　　　① 役員（取締役、会計参与及び監査役をいう。以下この節、第371条第4項及び第394条第3項において同じ。）及び会計監査人は、株主総会の決議によって選任する。
　　〈②以下　略〉

　ここまでのお話は、いわゆる典型的な会社での話です。
　会社法は、会社の機関設計を、会社の自治に任せることを原則としてい

ます。したがって、監査役をおくかどうかは、その会社の自治に委ねられています。326条2項が、「株式会社は、定款の定めによって」「監査役……を置くことができる」としているのは、そのような趣旨です。

> ▶▶▶第326条
> 〈①　略〉
> ②　株式会社は、定款の定めによって、取締役会、会計参与、監査役、監査役会、会計監査人、監査等委員会又は指名委員会等を置くことができる。

（ⅱ）監査役の職務

　さて、監査役は何をするのかというと、381条が定めています。381条をみてください。

> ▶▶▶第381条
> ①　監査役は、取締役（会計参与設置会社にあっては、取締役及び会計参与）の職務の執行を監査する。この場合において、監査役は、法務省令で定めるところにより、監査報告を作成しなければならない。
> ②　監査役は、いつでも、取締役及び会計参与並びに支配人その他の使用人に対して事業の報告を求め、又は監査役設置会社の業務及び財産の状況の調査をすることができる。
> ③　監査役は、その職務を行うため必要があるときは、監査役設置会社の子会社に対して事業の報告を求め、又はその子会社の業務及び財産の状況の調査をすることができる。
> 〈④　略〉

　監査役は、取締役の職務の執行を監査します。監査というのは監視・監督のことです。取締役がきちんと仕事をしているかどうか、違法行為がなされていないかどうかをチェックするのです。株式会社の機関が分化していることはすでに述べました。機関の中には、会社の業務執行のための機関ばかりでなく、監視・監督のための機関もあるのです。

Ⅱ　株式会社……101

先ほど、取締役会は、会社の業務執行を決定する機関であるといいました。取締役会は、そのほかにも取締役の職務の執行を監督する権限も有しています。もう一度条文を確認しましょう。先ほどみた条文ですが、362条2項2号に書いてあります。つまり、取締役会は、会社の業務執行の決定機関であると同時に、取締役の監督機関でもあるわけです。

監査役は、取締役会とは別に、取締役の職務の執行を監査する専門の機関という位置づけです。このように、取締役の業務執行について、取締役会が監視・監督し、さらに監査役が監視・監督するということで、2重の歯止めをかけているわけです。

（ⅲ）監査役の義務

監査役は、取締役が不正の行為をした場合等には、遅滞なく、その旨を取締役に報告しなければなりません（382条）。

また、監査役は、取締役会に出席し、必要があると認めるときは、意見を述べなければなりません（383条1項本文）。

さらに、監査役は、取締役が株主総会に提出しようとする議案・書類等を（会社施規106条）を調査しなければなりません（384条前段）。

このように、監査役には、取締役の行為が適法か否かを監視・監督する義務があります。

（ⅳ）監査役の独立性

監査役が取締役を監視・監督しようとしても、監査役が取締役に従属する地位にあるとすれば、適切な監視・監督は期待できません。そこで、会社法は、監査役が取締役を適切に監視・監督することができるよう、監査役の独立性を確保するための仕組みを設けています。

たとえば、監査役の報酬は、監査の対象である取締役が定めるのではなく、定款または株主総会の決議によって定められます（387条1項）。また、監査役は、取締役、支配人その他の使用人を兼ねることができません（335

条2項）。ほかにも、監査役は、株主総会において、監査役の選任、解任、辞任について意見を述べることができます（345条4項・1項）。

（ⅴ）監査役会

監査役会もすべての会社でおかなければならない機関ではありません。328条1項をみてください。

> ▶▶▶第328条
> ① 大会社（公開会社でないもの、監査等委員会設置会社及び指名委員会等設置会社を除く。）は、監査役会及び会計監査人を置かなければならない。
> 〈② 略〉

わかりづらい条文ですが、要するに監査等委員会設置会社・指名委員会等設置会社以外の大会社で公開会社である株式会社では、監査役会をおかなければならないということです。それ以外の会社は、監査役会をおく必要はないのですが、定款で定めれば、任意に監査役会をおくことができます。このように、監査役会をおくこととした会社を監査役会設置会社といいます。

監査役会とは、すべて監査役で組織される会議体をいいます。その構成員は3人以上でなければなりません。そして、そのうちの半数以上は、社外監査役でなければなりません（335条3項）。このような監査役会という機関がおかれた趣旨は、特に大規模な会社において、複数の監査役の間で監査の役割分担をしたり、情報交換をしたりすることによって、適切な監査を実現しようという点にあります。

ここで注意しなければならないのは、監査役会という会議体がおかれたとしても、監査役はそれぞれが独任制の機関であるという点です。これは、取締役とは異なるところです。取締役会のところでお話しましたが、取締役は、各自が会社の業務を執行し代表する機関であるのが原則ですが、取

Ⅱ　株式会社……103

締役会設置会社では、会社の業務執行機関は取締役会という会議体であり、各取締役は機関である取締役会の構成員にすぎません。これに対して、監査役の場合は、監査役会という会議体がおかれたとしても、監査役各自が機関であるということです。390条2項をみてください。

> ▶▶▶第390条
> 〈① 略〉
> ② 監査役会は、次に掲げる職務を行う。ただし、第3号の決定は、監査役の権限の行使を妨げることはできない。
> 一 監査報告の作成
> 二 常勤の監査役の選定及び解職
> 三 監査の方針、監査役会設置会社の業務及び財産の状況の調査の方法その他の監査役の職務の執行に関する事項の決定
> 〈③以下 略〉

その柱書きのただし書きに、「第3号の決定は、監査役の権限の行使を妨げることはできない」としているのは、そういう趣旨なのです。

(7) 会計監査人

会計監査人とは、計算書類等の監査つまり会計監査をする者のことをいいます。大会社および監査等委員会設置会社、指名委員会等設置会社では、この会計監査人をおかなければなりません（328条）。それ以外の会社では、会計監査人をおくかどうかは会社の任意です（326条2項）。

会計監査人は、取締役などによって作成された計算書類が会計基準に照らして正確に作成されているかを外部からチェックする役割を果たします。前述した会計参与と似ていますね。しかし、会計参与は、計算書類を作成する会社の内部機関です。つまり、会計参与は、会社の内部から、事実上、計算書類の正確性を担保する機関であるのに対して、会計監査人は会社の外部から、法的意味からも、計算書類の正確性を保障・担保する機関なの

104……第1章 会社法

です。

（8）指名委員会等設置会社

指名委員会等設置会社という言葉についても、すでに何回か出てきました。指名委員会等設置会社というのは、指名委員会、監査委員会および報酬委員会をおく株式会社をいいます（2条12号）。従来は、委員会設置会社といわれていましたが、平成26年の改正によって、指名委員会等設置会社とその名称が改められました。ただ、内容に変更はありません。

さて、株式会社は、会社の規模にかかわらず、定款の定めによって指名委員会等設置会社となることができます。では、なぜ指名委員会等設置会社という仕組みをとる必要があるのでしょうか。

バブル崩壊以降、日本経済が閉塞状況におかれた原因のひとつは、企業不祥事が多発したことにあるといわれています。それは、会社内部でのチェック機構がうまく機能してこなかったことや、従前の取締役会という機関が、会社の意思決定機関としても監督機関としても形骸化していたことなどがその原因といわれてきました。そこで、業務執行機関と監督機関とを明確に分離することこそが会社の健全かつ持続的な発展に役立つとして、平成14年改正で委員会設置会社という組織構造を採用することができるようになったのです（現在は指名委員会等設置会社といいます）。

つまり、会社が大きくなればなるほど、会社内部での意思決定のプロセスは複雑になり、それに伴い監視の目も届かなくなります。それでは、たとえば、代表取締役がその権限を濫用して会社に不利益な取引をしていたとしても、誰も気がつかないという事態も起こりえます。これからお話するように、指名委員会等設置会社となった会社は、その内部機関の設計についての自由が大幅に制限されることになります。そして、機関の役割が細分化・専門化されることになることから、機関相互の監視の目が厳しく

Ⅱ　株式会社……105

なることが期待されます。したがって、指名委員会等設置会社では、取締役の権限濫用や企業不祥事が起きにくくなり、出資者も安心してその会社に出資できるようになることから、会社の健全かつ持続的な発展が図りうるということなのです。

(ⅰ) 仕組み

では、指名委員会等設置会社においては、いかなる機関をおかなければいけないのでしょうか。

まず、指名委員会等設置会社では、指名委員会、監査委員会、報酬委員会および執行役をおかなければなりません。そのかわり、監査役をおくことはできません。さらに、指名委員会等設置会社は、取締役会と会計監査人とをおかなければなりません。そして、取締役会は、執行役の中から代表執行役を選定しなければなりません。

(ⅱ) 権限

では、それぞれの機関の権限についてみていきましょう。

指名委員会は、株主総会に提出する取締役や会計参与の選任・解任に関

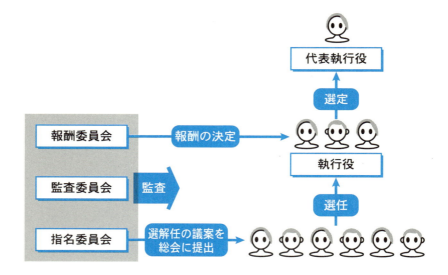

106……第1章　会社法

する議案の内容を決定する権限があります。

監査委員会は、執行役や取締役、会計参与の職務の執行の監査、および監査報告書を作成すること、株主総会に提出する会計監査人の選任・解任などに関する議案の内容を決定する権限があります。

報酬委員会は、執行役等の個人別の報酬の内容を決定する権限があります。

執行役は、取締役会の決議により委任を受けた業務の執行の決定をし、会社の業務の執行をする権限があります。これに対して、取締役は、原則として会社の業務を執行できなくなります。

取締役会は、その機能の中心が執行役の職務の執行の監督になることから、その権限も、基本事項の決定や各委員会の委員の選定・解職、執行役の選任・解任などに限定されることになります。

（9）監査等委員会設置会社

すでに、監査等委員会設置会社という言葉は何度か出てきました。監査等委員会設置会社というのは、監査等委員会をおく株式会社をいいます（2条11号の2）。監査等委員会設置会社は、平成26年改正により新しく創設されたもので、すでに説明した監査役会設置会社とも、指名委員会等設置会社とも異なる、第三類型としての機関設計です。

このような監査等委員会設置会社制度が設けられた趣旨は、社外取締役の導入を促進する点にあります。

2条15号をみてください。

▶▶▶第2条

〈一～十四　略〉

十五　社外取締役　株式会社の取締役であって、次に掲げる要件

Ⅱ　株式会社……107

のいずれにも該当するものをいう。

イ　当該株式会社又はその子会社の業務執行取締役（株式会社の第363条第1項各号に掲げる取締役及び当該株式会社の業務を執行したその他の取締役をいう。以下同じ。）若しくは執行役又は支配人その他の使用人（以下「業務執行取締役等」という。）でなく、かつ、その就任の前10年間当該株式会社又はその子会社の業務執行取締役等であったことがないこと。

ロ　その就任の前10年内のいずれかの時において当該株式会社又はその子会社の取締役、会計参与（会計参与が法人であるときは、その職務を行うべき社員）又は監査役であったことがある者（業務執行取締役等であったことがあるものを除く。）にあっては、当該取締役、会計参与又は監査役への就任の前10年間当該株式会社又はその子会社の業務執行取締役等であったことがないこと。

ハ　当該株式会社の親会社等（自然人であるものに限る。）又は親会社等の取締役若しくは執行役若しくは支配人その他の使用人でないこと。

ニ　当該株式会社の親会社等の子会社等（当該株式会社及びその子会社を除く。）の業務執行取締役等でないこと。

ホ　当該株式会社の取締役若しくは執行役若しくは支配人その他の重要な使用人又は親会社等（自然人であるものに限る。）の配偶者又は二親等内の親族でないこと。

〈十六以下　略〉

　このように、社外取締役は、さまざまな側面から株式会社と利害関係がないことが要件とされています。ですから、社外取締役は、社外取締役でない取締役と比較して、経営全般の監督機能のほか、株式会社と経営者または利害関係人との間の利益相反の監督機能を果たすことが期待できます。したがって、社外取締役の導入は、取締役会の監督機能を充実させ、企業不祥事の発生防止に資することとなるのです。そして、近年、大企業にお

いて巨額の粉飾決算や経営者による特別背任などの企業不祥事が発生したことから、社外取締役の積極的な活用が求められるようになりました。そのため、社外取締役の選任の義務付けを含む社外取締役の導入促進のための方策が検討されたのです。

ところが、先に述べた監査役会設置会社には社外監査役がいるため、重ねて社外取締役をおきにくいですし、また、委員会設置会社（現在は指名委員会等設置会社）は、指名委員会と報酬委員会をおかなければならないためその設置自体が敬遠されていたことから、わが国において社外取締役の導入が進まなかったのです。そこで、平成26年改正では、監査役会設置会社と委員会設置会社（現在は指名委員会等設置会社）の中間に位置する第三の機関設計として、監査等委員会設置会社制度が創設されたのです。

そして、監査等委員会設置会社では、最低限必要な社外役員は2人であり、人材確保の負担が比較的小さいですし、委員会設置会社（現在は指名委員会等設置会社）のように、指名委員会および報酬委員会の設置が義務付けられていないため、経営者の抵抗感も少ないと考えられます。そのため、監査等委員会設置会社の創設により、現在は監査役会設置会社である株式会社が監査等委員会設置会社に移行することが期待でき、社外取締役の導入が促進されると考えられたのです。

（ｉ）仕組み

それでは、監査役等委員会設置会社において、いかなる機関をおかなければならないか、その仕組みを簡単に説明しておきましょう。

監査等委員会設置会社には、監査等委員会をおかなければなりません（2条11号の2、399条の2第1項）。このほか、監査等委員会設置会社では、取締役会と会計監査人を必要的機関としておかなければなりません（327条1項3号、5項）。

他方で、監査等委員会設置会社が監査役をおくことはできません（327条

4項)。また、監査等委員会設置会社は、指名委員会・監査委員会・報酬委員会をおくことはできませんが（327条6項参照）、任意の委員会として指名委員会・報酬委員会をおくことは禁止されていません。

(ⅱ) 権限

監査等委員会は、監査等委員となる取締役として株主総会で選任された者全員で組織され（399条の2第1項、第2項）、しかも、その過半数は社外取締役でなければなりませんが（331条5項）、次のような職務を行います。

399条の2第3項をみてください。

▶▶▶第399条の2
〈①②　略〉
③　監査等委員会は、次に掲げる職務を行う。
一　取締役（会計参与設置会社にあっては、取締役及び会計参与）の職務の執行の監査及び監査報告の作成
二　株主総会に提出する会計監査人の選任及び解任並びに会計

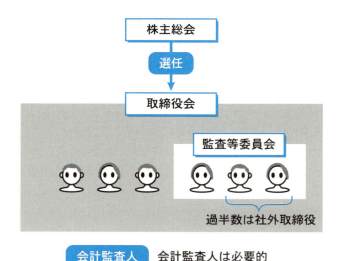

監査人を再任しないことに関する議案の内容の決定

三　第342条の2第4項及び第361条第6項に規定する監査等委
　員会の意見の決定

　ちなみに、ここにいう3号にあげられている342条の2第4項とは監査
等委員以外の取締役の選任について、361条6項とは監査等委員以外の取
締役の報酬等についてのことです。

　なお、このような監査等委員会の権限は、取締役会の権限とすることは
できません。

（10）機関設計のまとめ

　以上が会社の機関の話です。復習してみましょう。

　まず、株主総会がありました。その株主総会で取締役が選任されます。
この2つの機関が、株式会社における必要最小限度の機関です。これを、
所有と経営の分離といいます。

　もう少し詳しくお話しますと、株式会社は、個人ではできないような大
規模な事業や危険を伴う事業を行うことを目的として設立されます。そし
て、多数の者が安心して容易に出資して会社に参加できるように、株式と
有限責任というシステムをつくりました。このシステムのもと、会社に出
資する者を株主といいます。株主は株式会社の出資者、つまり実質的には
所有者ですから、株主は自己の意思に基づいて会社を経営できるはずです。
しかし、株主は人数が多いため、全員一致で会社の意思決定をすることは
困難です。また、すべての株主が会社経営の能力を有しているとはかぎら
ないし、その意思もないのが通常です。そこで、会社経営の合理化を図る
ため、株式会社の所有者と経営者とを分けたのです。

　つまり、株主はお金をもっているけれども、個人株主などは会社経営の
専門家ではないのが通常です。そこで、自分たちが出資したお金をより多
くしてもらうために、会社経営の専門家を雇って経営を任せます。その任

Ⅱ　株式会社……111

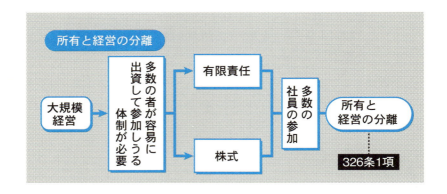

された人たちが、取締役という人達です。お金をもっている人はお金を出す、経営のノウハウをもっている人は経営をする、というように役割分担をしたほうが、より合理的ではないかという発想です。

　この所有と経営の分離を表したのが326条1項です。326条1項をみてください。

　▶▶▶第326条
　①　株式会社には、1人又は2人以上の取締役を置かなければならない
　〈②　略〉

　つまり、会社の実質的所有者である株主で構成される株主総会と、会社の経営者である取締役とが、会社の機関として分かれているということを、この条文は表しているのです。この所有と経営の制度上の分離は、株式会社の有する本質的な特徴のひとつということができます。

　そして、会社は、会社の規模や目的に応じて、更にその機関を分化することができます。つまり、取締役が集まって取締役会を構成し代表取締役をおくことができます。また、監査役・監査役会を設置したり、会計参与、

会計監査人という機関を設置したりすることもできます。

　どうして、機関の分化を更に進める必要があるのでしょうか。たとえば取締役がその権限を濫用して会社に損害を与えるような取引をしようとしているとします。そのような場合、会社が小規模であれば、そのような取締役の行為は株主の目にとまりやすいため、株主は株主総会を通じてその取締役の責任を追及していけばいいわけです。しかし、会社が大規模になればなるほど、取締役がどのような行為をしているか、株主からはわかりづらくなります。そこで、取締役会という会議体に各取締役の業務執行を監督させたり、監査役や会計参与、会計監査人といった専門機関をおいたりして、会社経営の適正化を図る必要が出てくるのです。会社経営が適正であれば、そのような会社は将来発展する可能性が高いということで、株主からのさらなる出資が期待できます。

　このような、典型的な会社の機関設計については、国家の三権分立の組織と対応した形で理解するとわかりやすくなるでしょう。株主総会、取締役会、代表取締役、監査役の関係は、憲法における国会、内閣、内閣総理大臣、裁判所の関係をイメージするとよいでしょう。まず、国会にあたる株主総会では、株式会社の基本的なことを決めます。それを執行するのが内閣であって、それにあたるのは取締役会です。そして代表者である内閣総理大臣が選ばれて、国家の行政を執行していく。それにあたるのが代表取締役です。それらを監視・監督するのが裁判所で、それにあたるのが監査役です。そして、その中心にいるのが国民ですが、株式会社ならば実質的所有者である株主になります。

　これをまとめると次ページのような図式になります。

　このように、機関を分化するのは、三権分立のように、機関相互の抑制と均衡を通じて、会社経営の合理化と適正化との調和を図るためです。所有と経営を分離して、会社経営は専門家である取締役に任せ、強大な権限

Ⅱ　株式会社……113

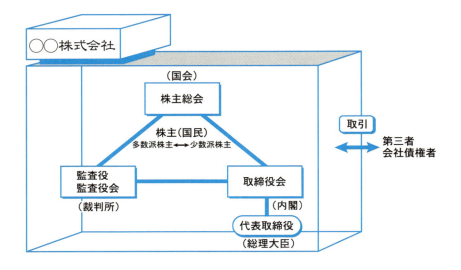

を与える。それが合理化の要請です。しかし、その一方で、取締役がその強大な権限を濫用する危険もある。そこで、取締役を監視・監督して、その権限の濫用に歯止めをかける必要がある。それが適正化の要請です。こんなふうに会社法の問題は、会社経営の合理化と適正化の調和の視点が重要なのです。

ちなみに、この機関の分化を更に進めた会社が、指名委員会等設置会社、監査等委員会設置会社といってもいいでしょう。

ここまでのところが、機関についての基本的なお話でした。

⓫資金調達

次に資金調達です。会社が資金不足のときに、どうやってお金を集めるかという話です。

会社は、いったん設立されると、規模をどんどん拡大していこうとしま

114……第1章　会社法

す。いわば、会社が成長・発展していくわけです。そして、会社が発展して
いくためには、新たな資金を調達しなければいけないという要請が当然
でてきます。たとえば、今後アメリカに進出しよう、中国に進出しよう、
それには現地に工場をつくらなければいけない、新しい工場をつくるため
にはお金が必要だ、ではどうやってお金を集めようかという話になるわけ
です。

　一番手っ取り早いお金の集め方は、会社が銀行からお金を借りる方法で
す。でも、この方法では、会社は、あとで銀行に利息を付けて借金を返さ
なければならないので、会社にとって負担が重い資金調達方法なのです。
そのため、短期であれば有効といえますが、新しい工場をつくるための設
備投資といった、比較的長期間で多額の資金調達には向いていないのです。

　では、会社が返さなくてもいいお金の集め方はないのでしょうか。そん
な調子のいい方法はあるのだろうかということですが、あるのです。新た
に株主を募集して出資を募ればいいのです。集まったお金は出資金ですか
ら、期間が経つと返還しなければならないというものではありません。株
式会社の場合、このようにしてお金を集めることができます。これを新株
の発行といいます。

　会社の資金調達の方法には、今お話した銀行からの借入れや新株の発行
のほかにも、さまざまな方法があります。

　まず、資金調達源に着目して、会社の内部から資金を調達する場合と、
会社の外部から資金を調達する場合とに分類できます。内部資金の調達と
は、会社の内部の利潤から調達される資金であり、利潤の内部留保などを
いいます。どういうことかというと、会社の業績がよいときに会社内部に
お金を蓄えておき、いざというときに、それを使うということです。そし
て、こうした内部資金では不足するような場合には、会社の外部から資金
を調達することになります。外部資金の調達には、一般に金融機関等から

Ⅱ　株式会社……115

借入れをする方法と、株式や社債を発行して資金を集める方法とがあります。

　多額かつ長期の資金調達は、普通の借入れの方法では難しいものです。そこで、会社にとって重要なのは、新株の発行・自己株式の処分と社債の発行による資金調達です。このうち、新株発行と自己株式の処分とは、その経済実態は同じものであることから、会社法では、募集株式の発行等という概念を使って一元的に規律しています。

（1）社債の発行

まず、2条23号をみてください。

▶▶▶第2条
〈一～二十二　略〉
　二十三　社債　この法律の規定により会社が行う割当てにより発生する当該会社を債務者とする金銭債権であって、第676条各号に掲げる事項についての定めに従い償還されるものをいう。
〈二十四以下　略〉

　社債とは、会社法の規定により会社が行う割当てにより発生する当該会社を債務者とする金銭債権であって、676条各号に掲げる事項についての定めに従い償還されるものをいいます。

　たとえば、会社が何億もの資金を調達したいと考えているとします。しかし、1人から全額を借りようとしてもなかなか貸してくれる人はいません。そこで、一般大衆から、1口1万円とか、1口5万円とかいってお金を借りるわけです。1万円くらいなら貸してもいい、5万円くらいなら貸してもいいという人たちなら、たくさんいます。そういう人がたくさん集

キーワード　社債の発行
旧商法では、社債の定義規定はなく、公衆に対する起債によって生じた株式会社に対する債権であって、これについて有価証券の発行されるものであると解されてきた。これに対して、会社法では、上述の2条23号で社債の定義を規定した。また、会社法は、これまで株式会社にしか認められていなかった社債の発行を、持分会社（合名会社、合資会社、合同会社）にも認めた（第4編）。

116……第1章　会社法

まると、会社は何億というお金を集められることになるわけです。つまり、一般大衆からの借金が社債なのです。ですが、これから説明する募集株式等とは異なり、社債を募集した会社は、期限が来たら借金を返さなければいけません。

（2）募集株式の発行等

次に、199条1項をみてください。

▶▶▶第199条

①　株式会社は、その発行する株式又はその処分する自己株式を引き受ける者の募集をしようとするときは、その都度、募集株式（当該募集に応じてこれらの株式の引受けの申込みをした者に対して割り当てる株式をいう。以下この節において同じ。）について次に掲げる事項を定めなければならない。

一　募集株式の数（種類株式発行会社にあっては、募集株式の種類及び数。以下この節において同じ。）

二　募集株式の払込金額（募集株式1株と引換えに払い込む金銭又は給付する金銭以外の財産の額をいう。以下この節において同じ。）又はその算定方法

三　金銭以外の財産を出資の目的とするときは、その旨並びに当該財産の内容及び価額

四　募集株式と引換えにする金銭の払込み又は前号の財産の給付の期日又はその期間

五　株式を発行するときは、増加する資本金及び資本準備金に関する事項

〈②以下　略〉

募集株式とは、募集に応じて株式会社の発行する株式、または株式会社の処分する自己株式の引受けの申込みをした者に対して割り当てる株式を

キーワード 募集株式の発行等
「募集株式」とは、新株発行における株式と自己株式の処分の場合の株式とをあわせた上位概念として会社法で新しく創設された概念。両者は経済的に見れば共通性を有するからである。「等」とするのは、自己株式の「処分」も含むという意味。

Ⅱ　株式会社……117

いいます。

　割当てに応じて資金を払い込むと、出資者が新たに株主になります。株式会社では、株主に対して出資の払戻しはできないことになっていますから、払い込まれた資金は、返す必要のない資金になるわけです。

(3) 社債と株式との違い

　このように社債と株式とはよく似ています。しかし、会社は、社債に対して払い込まれた資金は期限には返済しなければならないのに対して、株式の割当てに応じて払い込まれた資金は返済する必要がありません。ここがもっとも大きな違いです。

　また、両者は、会社に対していかなる権利を有しているかといった点においても違います。すなわち、社債は会社に対する債権にすぎないことから、社債権者は単なる債権者にすぎず、会社の経営に一切関わることができません。これに対して、株式には、株式会社の社員たる地位に基づくさまざまな権利が含まれています。したがって、株主は、株主総会に出席して議決権を行使したり、議案を提出したりして、株式会社の経営に参加することができるのです。

(4) 株主の経済的利益

　募集株式の発行等について、もう少し詳しくみていきましょう。

　募集株式の発行等とは、新株発行と自己株式の処分とを意味するというお話は前にしました。この募集株式の発行等にあたっては、会社の設立時とは異なり、会社の資金調達の利益と既存株主の利益との調整を図る必要があります。

　新たに株式を発行したり、自己株式を処分したりすれば、会社は資金を獲得できることになるのですが、一方で不利益を受ける人たちも出てきます。それは、従来の株主です。それは、どのような不利益でしょうか。

　株式の価値は、以下のような分数で表されます。

118……第1章　会社法

$$株式の価値 ≒ \frac{会社財産}{総株式数}$$

　株式がどんどん発行される、または自己株式が処分されるということは、分母が増えることになります。それに伴って会社財産も増えるのであれば、この数式の左側の「株式の価値」、いわゆる時価は変化しません。しかし、場合によっては、株式の数は増えるけれども、それに見合うだけの会社財産が入ってこないときもあります。それは、株式を安く発行する場合です。株式を時価よりも安い価格で発行してしまうと、株価が全体的に下がってしまうのです。これでは従来の株主にとってみれば、自分が所有する株式の株価が下がるわけですから、困るわけです。

　では、なぜ会社は株式を時価よりも安く発行したりするのでしょうか。

　たしかに、株式を時価で発行すれば、「株式の価値」に変化はありません。しかし、新株を時価で発行したのでは新しく株主になってくれる人が出てこない可能性があります。たとえば、ある会社の株式がいま1株1000円だとします。そのような会社が、新株を1株1000円で売り出すことを決定したあとになって、その会社の株価が950円になってしまったという場合には、誰も株を買ってくれませんよね。これでは、会社の資金調達の目的は達成できなくなってしまいます。逆に、新株を1株900円で売り出すと決定していれば、その後の値下がりのリスクを考えても、「これは安い！」ということで、じゃあ買おうかという人が出てくるのです。

　言い換えれば、従来の株主の利益保護のためには新株の価格を下げたくないが、他方で会社の資金調達のためには新株の価格を下げなければならない。そこをどう調整しようかということが問題となるわけです。

　そこで、会社法は、会社が株主以外の第三者に対して「特に有利な金額」で募集株式の発行等を行う場合には株主総会の特別決議による承認を得る

ベンチャーキャピタル

ベンチャー企業とは、革新的なアイデアや技術をもとにして新しいサービスやビジネスを展開する企業をいいます。

ベンチャー企業は、先例のない新しいサービスを展開していくわけですから、そのサービスが本当にうまくいくのか、どの程度利益を上げられるのかの予想がとても難しいといえます。そのため、新しいサービスを展開するための資金が必要な場合に、普通の金融機関では融資を断られてしまうことがあります。

しかし、それでは新しいサービスを展開する機会が失われてしまいます。また、もしもそのサービスが大ヒットすれば、融資した側も利息等の利益を上げることができます。要するに、ベンチャー企業への投資は、ハイリスク・ハイリターンなのです。

このようなベンチャー企業への投資を行うのが、ベンチャーキャピタルです。ベンチャーキャピタルとは、ベンチャー企業の株式等を引き受けることによって投資をし、その企業が株式公開等をした後、株式を売却することで利益を上げる投資会社をいいます。ベンチャーキャピタルは、会社形態のほか、組合や信託の形態をとることもあります。このような投資の仕組みを総称して「ファンド」といいます。

ベンチャーキャピタルがベンチャー企業に資金を提供することで、ベンチャー企業は、ビジネスに集中することができ、新しいサービスを展開して企業価値を高めることができます。他方で、ベンチャーキャピタルは、資金を貸し付けるのではなく、株主となることで、ベンチャー企業の経営を監督するとともに、企業価値が高まった段階で株式を売却することで利益を上げることができるのです（投資方法にはさまざまな手法があるので、株式を引き受ける手法は、あくまで一例にすぎません）。

また、ベンチャーキャピタルは、投資したベンチャー企業の企業価値を高めるために、育成支援をすることもあります。たとえば、複数ある投資先企業同士が親和性の高いビジネスをしているような場合には、投資先同士を繋げることで新しい価値を創造することができ、企業価値をますます高めることができます。

もっとも、すでに述べたとおり、ベンチャー企業への投資はハイリスク・ハイリターンです。そのため、ベンチャーキャピタルには、既存のビジネスに捉われない感覚と、そのビジネスが成功するか否かの冷静な分析力が求められます。また、投資の方法には、募集株式（普通株式、種類株式）の引受けのほか、新株予約権の引受け、新株予約権付き社債の発行などの会社法上の方法以外にも多種多様な方法があります。そのため、ベンチャーキャピタルには、多種多様な投資方法を臨機応変に使いこなすための知識が求められます。

必要があるとしているのです（199条3項、201条1項前段、199条2項、309条2項5号）。特別決議とは、その株主総会で議決権を行使することができる株主の議決権の過半数を有する株主が出席し、出席した株主の議決権の3分の2以上の賛成を得なければならない決議です。このような厳しい要件を課すことによって、従来の株主の利益を保護しようというわけです。

（5）株主の持株比率維持の利益

　ところで、従来の株主の利益には2種類あります。1つは、今までお話してきた「経済的利益」です。その意味は、募集株式の発行等があっても株価が下がらないという利益です。もう1つは、「持株比率維持の利益」です。その意味は、募集株式の発行等があっても株主総会における議決権の価値が下がらないという利益です。では、「持株比率維持の利益」とはどのような利益なのでしょうか。もう少し詳しくみていきましょう。

　たとえば、Aさんが、今まで200株発行している会社の株式を50株もっていたとします。株式会社の株主総会の決議は、議決権の数に基づく多数決によって行われるのでしたね。したがって、Aさんは株主総会において200分の50の影響力を有していたことになります。これを持株比率といいます。では、その会社が新たに200株の新株発行をした場合、Aさんの持株比率はどうなるでしょうか。Aさんは、新株発行前には、株主総会において200分の50の影響力をもっていたのですが、新株発行後には400分の50の影響力に下がってしまいますから、Aさんの会社に対する影響力はぐんと下がってしまうわけです。このような状態を、持株比率が低下したと表現します。「持株比率維持の利益」とは、会社に対する影響力を維持する利益ということもできるでしょう。

　では、どのようにすれば、従来の株主の「持株比率維持の利益」を保護することができるのでしょうか。それは、新株は必ず従来の株主に対して

Ⅱ　株式会社……**121**

持株比率に応じて発行することだけを認める、という制度にすればいいわけです。先ほどのＡさんの話に戻れば、会社が新たに200株の新株を発行するのであれば、Ａさんは当然50株の割当てを受ける権利を有するとすればいいのです。そうすると、Ａさんの持株比率は400分の100になりますから、従来の持株比率と変わらないことになります。

しかし、会社法のもとでは、株主は当然には割当てを受ける権利を有していません。会社法は、ここでは株主の利益の保護よりも、会社の資金調達の利益の便宜を優先しています。つまり、会社は原則として従来の株主に対して当然に新株を割り当てる必要はないとしています。202条１項柱書前段が「与えなければならない」としないで「与えることができる」としているのは、そういう趣旨です。会社が必要とするときに、必要なだけ自由に資金を調達できるとしたほうが、会社の発展が望め、ひいては株主の利益に資すると考えられるからです。202条１項をみてください。

▶▶▶第202条
① 株式会社は、第199条第１項の募集において、株主に株式の割当てを受ける権利を与えることができる。この場合においては、募集事項のほか、次に掲げる事項を定めなければならない。
一 株主に対し、次条第２項の申込みをすることにより当該株式会社の募集株式（種類株式発行会社にあっては、当該株主の有する種類の株式と同一の種類のもの）の割当てを受ける権利を与える旨
二 前号の募集株式の引受けの申込みの期日
〈②以下 略〉

ただ、非公開会社では、従来の株主の利益の方を保護すべき要請が強いことから、募集株式の発行等には株主総会の特別決議が必要とされています（199条２項、309条２項５号、199条４項、324条２項２号）。

(6) 募集株式の発行等の差止め

これまで、募集株式の発行等の手続について説明してきました。株式会社がきちんと法の定める手続に従ってくれればよいのですが、そうではなく、不公正な募集株式の発行等がされてしまうケースもありえます。その場合に、株主の採りうる選択肢のひとつとして、募集株式の発行等の差止めがあります（210条）。

210条を見てください。

> ▶▶▶第210条
> 　次に掲げる場合において、株主が不利益を受けるおそれがあるときは、株主は、株式会社に対し、第199条第1項の募集に係る株式の発行又は自己株式の処分をやめることを請求することができる。
> 一　当該株式の発行又は自己株式の処分が法令又は定款に違反する場合
> 二　当該株式の発行又は自己株式の処分が著しく不公正な方法により行われる場合

募集株式の発行等の差止めが認められる場面は、募集株式の発行等が法定または定款に違反する場合と、著しく不公正な方法による場合です。これらの場面であることに加えて、株主が不利益を受けるおそれがあることが必要となります。

「著しく不公正な方法」とはどのような方法でしょうか。裁判例は、株式会社に資金調達の目的があっても、その主要な目的が、株式会社の支配権の強化・維持することにある場合には、著しく不公正な方法にあたると考えています。

(7) 新株予約権

株式会社が資金調達をするための方法として、募集株式の発行等の話を

Ⅱ　株式会社……123

してきました。募集株式の発行等では、まさにその時に株式を発行したり、自己株式を処分したりするわけです。これに対して、将来、株式を発行したり、自己株式を処分したりしてもらう権利を付与することで資金を調達する方法もあります。それが新株予約権です。

　新株予約権とは、株式会社に対して行使することにより、当該株式会社の株式の交付を受けることができる権利をいいます（2条21号）。新株予約権は、将来、新株を引き受ける権利を金融商品とすることを可能にして、証券市場の活性化を図り、株式会社の資金調達を容易にしました。

　新株予約権は、発行時に払込み価格を決定するため、発行時から行使時までの間に株式の価格が上がれば、その分利益が生じます。たとえば、発行時に払込み価格を1株1000円と定めていたところ、現在の株価が1株1500円となっていれば、1500円の株式を1000円で取得できることになり、1株あたり500円も得をするわけです。努力して企業価値を高めれば、その分利益が増えることになるので、取締役や使用人のインセンティブ報酬として、新株予約権が使われることがあります。

　また、新株予約権は、株式会社と友好的な第三者や既存株主に引き受けさせることで、敵対的企業買収がされそうになったときの買収防衛策として活用されます。

⓬計算

（1）計算とは

　株式会社では、所有と経営が制度上分離されています。すなわち、株式会社の実質的所有者である株主は、みずから直接会社を経営するのではなく、経営の専門家である取締役に会社経営を任せているわけです。経営を任せているのですから、株主は、その会社経営の結果にとても強い関心をもちます。知らない間に経営に失敗されていたのでは、たまったものでは

敵対的買収と買収防衛策

株式を上場すると誰でもその株式を取得できるようになります。しかし、株主になろうとするのは一般投資家だけではありません。ライブドアがニッポン放送株を大量に買い占めたことが話題になったように、企業や団体も株主になれます。そうすると、大量に買い占めることによって会社を乗っ取ろうとする人も出てきます。このような、買収の対象となる企業の経営陣の同意を得ないで行われる買収のことを敵対的買収といいます。

乗っ取られたくない会社は、対抗策を考えることになりますが、買収防衛策のひとつとして、新株予約権の発行があります。新しく株式を発行すれば、買収側の持株比率を相対的に減らすことができるので、買い占めの影響を小さくすることができるのです。これに対し、買収側は、新株予約権の発行が法令もしくは定款に違反する場合または著しく不公正な方法により行われる場合には、株主は、株式会社に対し、新株予約権の発行をやめることを請求することができる、とする会社法247条を使って争うことになります。

いわゆる有事における新株予約権発行という形での買収防衛策について、最高裁判所は2007（平成19）年8月7日にはじめて判断を示しました（ブルドックソース事件）。この事件では、特定の株主による株式公開買付けに対抗し、当該株主の持株比率を低下させる新株予約権発行が、株主平等の原則に反しないかが争点になりました。

最高裁判所は、株主平等の原則は個々の株主の利益を保護するためのものだから、会社の企業価値がき損され、会社の利益ひいては株主の共同の利益が害されることになるような場合には、その防止のために当該株主を差別的に取り扱ったとしても、ただちに同原則の趣旨に反するものではない、と判断しています。その上で、本件の新株予約権発行は、株主平等原則に反せず、また、著しく不公正な方法によるものでもないとして買収防衛策を有効と認めました。

原審である東京高等裁判所は買収側の会社を「濫用的買収者である」と判断して注目を集めました。これに対し、最高裁判所は、「抗告人関係者が原審のいう濫用的買収者に当たるといえるか否かにかかわらず…本件新株予約権無償割当は…法令等に違反しないというべきである」と述べ、濫用的買収者か否かの判断はしていません。このような最高裁判所の判断に対する評価も含め、今後も買収防衛策に対する司法判断が注目されていくことと思われます。

II　株式会社……125

ないですよね。

　また、株主は間接有限責任しか負いませんから、会社の債権者は、会社の資産状況にとても強い関心をもちます。

　そこで、会社法は、株主や債権者が株式会社の経済状況を知ることができるように規定を設けました。それが会社の計算に関する規定です。

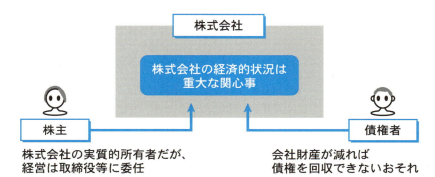

　会社法は、株式会社の経済状況を示す資料として、株式会社に対して会計帳簿や計算書類の作成・保存を義務づけています。特に重要なものは、計算書類のうちの貸借対照表（B/S:Balance Sheet）と損益計算書（P/L：Profit and Loss statement）です。

　貸借対照表とは、一定の時期（事業年度の末日）における企業の財産状態を明らかにする一覧表をいいます。貸借対照表は、資産の部、負債の部、純資産の部に分かれています。資産の部はプラスの資産を、負債の部はマイナスの資産を、純資産の部は資本金等を示しています。貸借対照表は、左右の数字の合計が必ず一致するようにつくられているため、「バランスシート」とよばれています。

　次の表を見ると、この会社は、現預金が流動負債（1年以内に返済しなければならない負債）に比べて十分にあるので当面の間は破綻のおそれが

ないことや、固定資産をほぼ固定負債でまかなっているため長期的には支払能力が欠けるおそれがあることがわかります。

（資産の部）		（負債の部）	
流動資産		流動負債	
現預金	10,000,000	短期借入金	5,000,000
固定資産		固定負債	
土地	150,000,000	長期借入金	200,000,000
建物	80,000,000	負債合計	205,000,000
		（純資産の部）	
		資本金	35,000,000
		純資産合計	35,000,000
資産合計	240,000,000	負債および純資産合計	240,000,000

　損益計算書とは、一定の期間（事業年度）に企業が獲得した利益または被った損失を算定する過程を収益と費用を示して、計算表示するものであって、企業の経営成績を明らかにするものをいいます。すなわち、損益計算書は、ある事業年度に企業がどれだけの費用を使ってどれだけの収益をあげたのかを示す、経営の成績表のようなものです。

　損益計算書では、売上高から各種費用を差し引いていくことで、最終的な利益を計算します。費用を差し引いていく過程で、「売上総利益」「営業利益」「経常利益」「税引前当期純利益」「当期純利益」という5つの段階の利益がわかります。これらの利益の数字を見ることで、仕入れ値が適切かどうかや、人件費が適切かどうか、などがわかります。

　次の表を見ると、この会社は、原価率の低い業種であることや、販売費

Ⅱ　株式会社……127

および一般管理費（従業員給与や会社の賃料等）が比較的高いこと、この年は固定資産を売却して利益を得たことなどがわかります。

売上高	10,000,000
売上原価	2,000,000
売上総利益	8,000,000
販売費および一般管理費	6,000,000
営業利益	2,000,000
営業外利益	200,000
営業外費用	500,000
経常利益	1,700,000
特別利益 　固定資産売却益	5,000,000
特別損失	0
税引前当期純利益	6,700,000
法人税等	2,000,000
当期純利益	4,700,000

（2）剰余金の配当

　はじめのところで、会社の営利性についてお話しました。そして、会社の営利性とは、会社がお金儲けを目的としているということ、すなわち、

会社がさまざまな事業活動を行って経済的利益を得ることだといいました。そして、営利性のもう1つの重要な要素として、儲けた利益を構成員に分配するということについても少し触れました。つまり、会社の営利性とは、対外的な活動によって利益を得ることにとどまらず、その利益を構成員に分配することまで含む概念なのです。営利団体である会社にとって、営利性の内容をなす構成員に対する利益の分配は、まさに本質的要請といえるのです。したがって、構成員に利益の分配をまったくしないという会社は認められません。

　そして、会社法では、株主に対する利益の分配は、剰余金の配当または残余財産の分配という形で行われるということもお話しました。ここでは、剰余金の配当について勉強していきましょう。剰余金の配当は、旧商法の利益配当にあたります。

　多くの株主は、株式の売買や剰余金の配当によってお金を儲けようと思って、会社に出資しています。すなわち、ほとんどの株主の目的は、出資を通じて経済的利益を得ることにあります。そのため、剰余金の配当を受ける権利（105条1項1号）は、株主にとってもっとも重要な権利のひとつなのです。しかし、得られた利益を無制限に株主に配当できるとしたらどうなるでしょう。たくさんお金をもらえる株主は喜ぶでしょう。でも、会社財産は減る一方です。そうなると困るのは誰でしょうか。資本金制度のところで、株式会社では、株主が出資額の限度でしか責任を負わないことから、会社債権者にとっては会社財産が唯一の引き当てとなるというお話をしました。そうすると、会社財産が減って困るのは、それを唯一の引き当てとする会社債権者です。会社財産がカラッポだと、会社債権者は債権を回収することができなくなってしまうということです。すなわち、無制限な剰余金の配当がなされると、会社の財産的基盤が害され、会社財産を唯一の引き当てとする会社債権者の利益が害されるおそれがあるのです。

Ⅱ　株式会社……129

そこで、会社法は、会社の財産を確保して会社債権者の保護を図るために、剰余金の配当にさまざまな規制を設けています。これは、要するに、より多くの配当を受けたいという株主と、会社財産をしっかりと確保しておいてほしいと思う会社債権者との利害調整の問題なのです。

　まず、会社の純資産額が300万円を下回る場合、そもそも剰余金の配当をすることができません（458条）。会社法では最低資本金の制度が撤廃され、資本金０円でも会社をつくれるようになりました。そのため、資本金の額による配当規制では会社財産を確保できなくなりました。そこで、資本金の額という枠組みではなく、純資産額という現実の会社財産の額で剰余金の配当を制限したのです。

　次に、分配可能額の範囲内でなされなければなりません（461条１項８号）。そして、分配可能額がどのように決定されるのかが、次の461条２項に書かれています。以下の①と②の合計額から、③④⑤⑥の合計額を引いて得られた額が、分配可能額になります。この分配可能額の範囲内でのみ、剰余金の配当が許されます。この範囲を超える剰余金の配当は、会社の財産的基盤を害し、会社債権者が不利益を被るおそれがあるので禁止されています。

①剰余金の額（１号）

②臨時計算書類につき441条４項の承認（同項ただし書に規定する場合にあっては、441条３項の承認）を受けた場合における以下の額（２号）

　　イ　441条１項２号の期間の利益の額として法務省令で定める各勘定科目に計上した額の合計額（２号イ）

　　ロ　441条１項２号の期間内に自己株式を処分した場合における当該自己株式の対価の額（２号ロ）

③自己株式の帳簿価額（３号）

④最終事業年度の末日後に自己株式を処分した場合における当該自己株式

の対価の額（4号）

⑤2号に規定する場合における441条1項2号の期間の損失の額として法務省令で定める各勘定科目に計上した額の合計額（5号）

⑥そのほか、法務省令で定める各勘定科目に計上した額の合計額（6号）

この純資産額による制限と分配可能額による制限は、剰余金の配当を可能にするための要件といえます。

では、このような分配可能額を超えて剰余金の配当がなされてしまった場合には、会社法はどのような事後的措置を講じているのでしょうか。

まず、配当を受けた株主や分配を行った業務執行者は、会社に対して、連帯して、配当額全額についての支払義務を負います（462条1項）。また、会社債権者も、自己の会社に対する債権額の限度で、配当を受けた株主に対して同様の金銭を支払わせることができます（463条2項）。

会社法は、このような手段によって事後的に会社財産の保護を図り、会社債権者を保護しようとしているのです。

⓭定款の変更

設立の手続のところで、株式会社を設立するときには定款を作成しなければならないとお話しました。定款は、会社の組織や活動に関する根本規則であり、絶対的記載事項や相対的記載事項があるということは覚えていますか（29頁参照）。

さて、この定款ですが、一切変更できないとするととても不便ですよね。会社の目的や商号、本店所在地など、必要に応じて変更できたほうが便利です。しかし、株主が知らない間に不利な定款変更がされてしまったのでは、たまったものではありません。

そこで、会社法は、定款を変更するためには、原則として、株主総会の特別決議を必要としました（466条、309条2項11号）。

Ⅱ　株式会社……131

⓮解散および清算

　株式会社は法人なので、自然人と違って、寿命のようなものはありません。機関となる取締役等が交代すれば、何年でも事業を続けることができます。

　しかし、たとえば、経営がうまくいかない等の経済的理由で株式会社をたたみたくなることがあるかもしれません。また、近年は、後継者不足のため取締役等が交代できず、やむを得ず株式会社をたたむ例が増加しています。

　株式会社をたたんで法人格をなくしてしまうことを解散といいます。解散の事由は、471条に定められています。株主総会の決議（471条3号）とありますが、これは特別決議が必要です（309条2項11号）。

> ▶▶▶第471条
> 株式会社は、次に掲げる事由によって解散する。
> 一　定款で定めた存続期間の満了
> 二　定款で定めた解散の事由の発生
> 三　株主総会の決議
> 四　合併（合併により当該株式会社が消滅する場合に限る。）
> 五　破産手続開始の決定
> 六　第八百二十四条第一項又は第八百三十三条第一項の規定による解散を命ずる裁判

　解散事由が生じたとしても、ただちに法人格が消滅するわけではありません。株式会社に資産や負債が残っている場合には、それらを処理する必要があります。このような法律関係の後始末をする手続を清算といいます。株式会社の法人格は、清算が終わってようやく消滅します（476条参照）。

　清算には、裁判所が監督しない通常清算と、裁判所が監督する特別清算があります。ここでは、通常清算についてお話します。

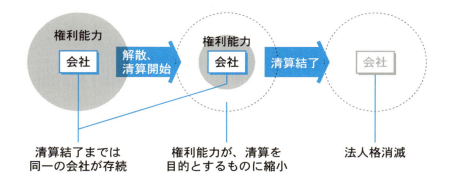

　清算手続が始まると、清算事務を行う機関として清算人が選ばれます。通常は、解散時の取締役がそのまま清算人になります（478条1項1号）。

　清算人は、主として、現務の結了、債権の取立ておよび債務の弁済、残余財産の分配を行います（481条）。要するに、株式会社の事業を終わらせて、法律関係を整理して、残った財産があれば株主に分配するわけです。清算手続に入った株式会社の法人格は、解散前の株式会社と同一ではあるものの、清算を目的とするものに縮小していると考えられています。そのため、清算人は、清算手続が始まっている以上、通常の事業活動をすることはできません。

Ⅲ　持分会社

次は、持分会社についてみていきましょう。

会社法は、大きく分けて株式会社と持分会社という2種類の会社を規定しています。持分会社というのは、合名会社、合資会社、合同会社の3つの会社の総称です。株式会社とどこがどう違うのかを意識してください。

❶持分会社に共通する特徴

持分会社に共通する特徴として、所有と経営が一致する点が重要です。

株式会社では、所有と経営が分離されており、経営は株主ではなく取締役に任されていました。これに対して、持分会社では、それぞれの社員は、原則として会社の業務を執行するとともに、会社を代表します（590条1項、599条1項）。持分会社は、株式会社に比べて、社員が少人数で、みずから経営をする意欲のある人たちが設立するからです。

このように、持分会社では、社員が経営に関わることになるため、社員の個性が重視されます。そのため、持分会社の社員は、持分を自由に譲渡することができず、持分を譲渡するためには他の社員全員の承諾を得なければなりません（585条1項）。他方で、投下資本回収の手段として、社員は退社することで持分の払戻しを受けることができます（611条1項本文）。

❷合名会社

合名会社とは、会社債権者に対して直接かつ連帯無限の責任を負う無限責任社員のみからなる会社です（576条2項、580条1項）。人間関係が緊密な、小規模で閉鎖的な会社だとお話したのを覚えているかと思います。

❸合資会社

合資会社とは、直接無限責任社員と直接有限責任社員とをもって組織される二元的な持分会社です（576条3項）。無限責任社員と有限責任社員がそれぞれ存在する点が特徴です。この特徴から、一人会社が認められないという話をしました。

❹合同会社

合同会社とは、間接有限責任社員をもって組織される持分会社です（576条4項）。社員が間接有限責任しか負わない点で、株式会社と共通しています。

では、合同会社と株式会社の何が違うかというと、株式会社のような機関設計や社員の権利内容等に関する強行規定がほとんどなく、広く定款で自由に定められるという点です。そのため、株式会社のように広く出資を募る必要性のない事業形態の会社の場合は、合同会社を選択することが多いようです。

Ⅳ　組織再編

　企業は生き物です。景気の動向やその時々の社会、大衆のニーズに応じた新たな事業を展開したり、事業内容を変更したりします。あるいは、会社の業績によって規模を拡大したり、縮小したりします。近年の大手銀行の相次ぐ合併やプロ野球界への新規参入、あるいは不景気による工場の閉鎖など、その時々の必要に応じて、会社組織というものは常に動いているのです。

　そこで、このような現実の必要性に応じて、会社法では、組織再編行為として、組織変更、合併、会社分割、株式交換、株式移転という類型を定めています。それぞれの概略について次から簡単に触れていきましょう。

❶会社の組織変更

　会社の組織変更というのは、株式会社がその組織を変更して合名会社、合資会社または合同会社となること、あるいは、合名会社、合資会社、合同会社がその組織を変更して株式会社になることをいいます。2条26号をみてください。

> ▶▶▶第2条
> 〈一〜二十五　略〉
> 　二十六　組織変更　次のイ又はロに掲げる会社がその組織を変
> 　　更することにより当該イ又はロに定める会社となることをい
> 　　う。
> 　　イ　株式会社　合名会社、合資会社又は合同会社
> 　　ロ　合名会社、合資会社又は合同会社　株式会社
> 〈二十七以下　略〉

　会社の組織を変更するというのは、会社の実質的所有者である社員にとって重大な関心事です。そこで、株式会社から持分会社に組織変更する場

136……第1章　会社法

合、持分会社から株式会社に組織変更する場合のそれぞれについて、総株主、総社員の同意が必要となります（776条1項、781条1項本文）。なお、持分会社内の会社の種類を変更する場合、たとえば、合資会社から合名会社へ変更する場合は、持分会社の種類の変更にすぎず、組織変更にはあたりません。

❷合併

会社の合併とは、2つ以上の会社が契約によって1つの会社に合体することをいいます。東京三菱銀行とUFJ銀行が合併して三菱東京UFJ銀行（現三菱UFJ銀行）という1つの会社になる、そういうことです。

合併は、吸収合併と新設合併とに分けられます。2条27号、28号をみてください。

> ▶▶▶第2条
> 〈一～二十六　略〉
> 二十七　吸収合併　会社が他の会社とする合併であって、合併により消滅する会社の権利義務の全部を合併後存続する会社に承継させるものをいう。
> 二十八　新設合併　2以上の会社がする合併であって、合併により消滅する会社の権利義務の全部を合併により設立する会社に承継させるものをいう。
> 〈二十九以下　略〉

いずれの合併においても、合併の結果、全部または一部の会社が解散によって消滅します。したがって、合併は消滅する会社にとっては解散の一場合ということになります（471条4号）。そして、消滅する会社の財産は存続する会社または新設会社に包括的に承継され、消滅する会社の株主・社員も原則として存続会社の株主・社員となります。

このように、合併は、自分の出資している会社が消滅したり、会社の組

Ⅳ　組織再編……137

織編成が大きく変わったりするので、出資者である株主の利害に大きく関わります。そこで、原則として株主総会の特別決議による承認が必要です（783条、795条、804条、309条2項12号）。

また、合併の承認決議に反対の株主は、会社に株式を買い取ってもらい、その会社から離脱することができます。これを、株式買取請求権といいます。株式会社では出資の払戻しは認められないということをお話しましたが、この株式買取請求権は、出資の払戻しと同じ効果が生じます。少数派株主保護のために特に認められた請求権です。株式買取請求権を定める条文はいくつかありますが、そのうちの1つをみておきましょう。785条1項をみてください。

> ▶▶▶第785条
> ①　吸収合併等をする場合（次に掲げる場合を除く。）には、反
> 　　対株主は、消滅株式会社等に対し、自己の有する株式を公正
> 　　な価格で買い取ることを請求することができる。
> 一　第783条第2項に規定する場合
> 二　第784条第2項に規定する場合
> 〈②以下　略〉

さらに、会社の組織が変更されるわけですから、会社財産を唯一の引き当てにする会社債権者の利益にも大きな影響を与えます。そこで、会社債権者保護の必要から、消滅会社の債権者は消滅会社に、存続会社の債権者は存続会社に、それぞれ合併について異議を述べることができます（789条、799条、810条）。

❸会社分割

会社分割とは、1つの会社を2つ以上に分けることです。

これは、会社事業の再編に使われたりします。たとえば、多角経営化し

た会社が、事業部門の一部を独立させて経営効率の向上を図ったり、あるいは、採算の取れていない赤字部門を切り離して独立させたりといったときに使われます。

会社分割にも、合併の場合と同様に、吸収分割と新設分割とがあります。2条29号、30号をみてください。

> ▶▶▶第2条
> 　二十九　吸収分割　株式会社又は合同会社がその事業に関して有する権利義務の全部又は一部を分割後他の会社に承継させることをいう。
> 　三十　新設分割　1又は2以上の株式会社又は合同会社がその事業に関して有する権利義務の全部又は一部を分割により設立する会社に承継させることをいう。
> 　〈三十一以下　略〉

会社分割においては、合併の場合と異なり、分割会社は分割後も存続し、分割によって解散することはありません。また、会社分割により、承継会社または新設会社は、分割の対象となる事業に関して有する権利義務の全部または一部を承継します（759条1項、764条1項）。

そして、会社分割も、会社の組織編成が大きく変わるので、合併と同様、株主の利害に重大な影響を与えます。そこで、株主総会の特別決議による承認が必要になり（783条、795条、804条、309条2項12号）、反対株主の株式買取請求も認められます（785条、797条、806条）。会社債権者異議手続も合併と同様に必要とされています（789条、799条、810条）。

❹株式交換・株式移転

株式交換とは、株式会社がその発行済株式の全部を他の株式会社（または合同会社）に取得させることです（2条31号）。株式移転とは、1または2以上の株式会社がその発行済株式の全部を新たに設立する株式会社に取

得させることです（2条32号）。

　これらはともに、ある株式会社が他の株式会社の完全子会社となる取引で、完全親子会社関係の創設を容易にするために設けられました。親会社となる会社が既存の会社である場合が株式交換、新設会社である場合が株式移転です。

　親子会社についてはこの後説明しますので、ここでは、株式交換・株式移転が完全親子会社を創設するための手段であるということを知っておい

株式交付

　2019年現在、会社法の企業統治等関係の部分について、改正の動きがあります。たとえば、インターネットが普及した現代社会にあわせて株主総会の資料をインターネットで提供できるようにする制度が検討されています。

　改正が検討されている事項のひとつとして、組織再編に関して「株式交付」という新しい方法を設けることが考えられています。

　株式交付とは、株式会社が他の株式会社をその子会社とするために当該他の株式会社の株式を譲り受け、当該株式の譲渡人に対して当該株式の対価として当該株式会社の株式を交付することをいいます。要するに、自社の株式を対価として他社の株式を取得できる制度ということです。

　株式交付制度は、自社株を買収対価とする企業買収を円滑に行うことができるようにすることを目的としています。

　ここでは詳細な手続の説明は省略しますが、なぜ株式交付制度が必要と考えられたのか、現行法にはどのような問題点があったのかなど、興味をもたれた方は、法務省のホームページから「法制審議会-会社法制（企業統治等関係）部会」のページにアクセスすると、これまでの検討の経緯が詳細な資料とともに開示されています。たとえば「会社法制（企業統治等関係）の見直しに関する中間試案の補足説明」を見ていただくと、中間試案段階の改正案について、どのような経緯で改正案が提案されたのかが詳しく説明されています。現行法の理解も深まるので、ぜひ見てみてください。

てください。

　株主総会の特別決議による承認、株式買取請求については合併や会社分割と同様です。ただし、債権者異議手続は原則として不要です。

❺親子会社

　親子会社という言葉は、皆さんニュースや新聞などで一度は聞いたことがあるでしょう。まず、親子会社の定義について、2条3号、4号をみてみましょう。

　▶▶▶第2条
　〈一、二　略〉
　三　子会社　会社がその総株主の議決権の過半数を有する株式
　　会社その他の当該会社がその経営を支配している法人として
　　法務省令で定めるものをいう。
　〈三の二　略〉
　四　親会社　株式会社を子会社とする会社その他の当該株式会
　　社の経営を支配している法人として法務省令で定めるものを
　　いう。
　〈四の二以下　略〉

　おおまかなイメージでとらえると、ある会社の経営を支配している会社が親会社、逆に支配されている会社が子会社といった感じです。子会社は親会社の意向に沿った会社経営をします。たとえば、親会社が自動車会社で、子会社がその自動車会社の部品をつくる会社といったような関係です。もちろん、親会社・子会社といっても、あくまで別個の法人格を有する、異なる会社です。しかし、親子会社は株式の保有を通じて経済的一体性があり、親会社が子会社の経営を支配しているという関係にあることから、親子会社には特別な規制が設けられています。

　たとえば、親会社が子会社に不利益な取引を強要して、親会社の利益の

Ⅳ　組織再編……141

ために子会社を食い物にすることがあります。そこで、子会社の株主の利益を守るため、親会社と子会社との間の取引などに関する付属明細書の開示が要求されています。

また、親会社が子会社を利用して経営の粉飾をすることがあります。これを発見・防止するため、親会社の会計参与、監査役などが子会社の業務や財産の状況を調査することができます（374条3項、381条3項など）。

さらに、子会社は親会社の株式を原則として取得できません（135条1項）。これは、親会社の取締役が子会社を利用して自己の保身を図ることを防止するためです。どういうことかというと、親会社は子会社の株主ですから、親会社の取締役は、子会社の株主総会で、自分の息のかかった人間を子会社の取締役に選任することができます。そして、その子会社が、親会社の株式を取得したとします。この場合、子会社の取締役は、親会社の株主総会において、親会社の取締役にとって都合のいいように議決権を行使することができてしまうのです。つまり、親会社の取締役は、子会社の取締役を通じて、親会社の株主総会を不公正に支配することが可能になるのです。このような不公正な会社支配を防止するのが目的です。

他にも、親子会社にはさまざまな規制があります。それらの規制は、親会社と子会社とは法律的には別個の会社ではあるけれども経済的には一体性があることから、子会社の株主や会社債権者を保護するため、あるいは親会社が不公正な会社支配をすることを防止するため、特別な規制が設けられているということを覚えておいてください。

Ⅴ　まとめ

　会社法について、株式会社を中心にお話してきました。繰り返しになりますが、4つある会社の形態のなかで、中心となるのは株式会社です。まずは、株式と有限責任という株式会社の本質を理解しましょう。そして、所有と経営が分離されていることから、会社を経営する機関が求められ、さまざまな機関をおくことができることを理解しましょう。このような株式会社の本質を理解していれば、株式会社との比較によって、合名会社、合資会社、合同会社の理解もいっそう深まります。

　会社法を勉強する場合には、まず早く条文に慣れることが必要です。そして1つひとつの条文には、なぜその条文が存在するのかという意味があります。

　つまり、条文の趣旨です。他の科目でもそうですが、会社法では、この条文の趣旨というものが大切になってきます。常にこの趣旨を意識して勉強してください。

　最後に、くどいようですが、会社法は、合理化と適正化の調和の上に成り立っている法律なのです。

　この大きな視点を見失わないようにしてください。

理解度クイズ②

1 次のうちもっとも不適切な記述はどれか。

① 会社法の目的は、会社の健全な発展にある

② 会社法において、経営の適正化は要請されているが、経営の合理化は必ずしも要請されていない

③ 会社の健全な発展のためには、経営の合理化は、1つの重要な要素といえる

2 次のうち正しいものはどれか。

① 株式会社の必要的機関は、株主総会と取締役である

② 株式会社の必要的機関は、株主総会、取締役会、取締役である

③ 株式会社の必要的機関は、株主総会、取締役、代表取締役である

3 間接有限責任の意味として正しいものはどれか。

① 会社が債務を弁済できないとき、社員が債権者に直接その全額を弁済する責任を負う

② 会社が債務を弁済できないとき、社員は会社に対する出資額を超えて直接債権者に責任を負わないこと

③ 会社が債務を弁済できないとき、社員はいったんその全額を会社に支払い、債権者はそこから弁済を受けること

4 株主の権利として適切でないものはどれか。

① 議決権

② 業務執行権

③ 剰余金の配当請求権

5 取締役会設置会社において、会社の基本的事項に関する意思決定機関はどれか。

① 代表取締役

② 取締役会

③ 株主総会

※解答は巻末

理解度クイズ② ……145

第2部
商法総則・商行為法

I 商法総則

II 商行為法

III まとめ

I 商法総則

❶商法総則と会社法総則との関係

　商法総則は、商法の1条から32条までに規定されています。同様の規定は、会社法にもあります。会社法の1条から24条までです。どうして、同じような規定が商法と会社法とに規定されているのでしょうか。

　それは、商法が適用される場合と会社法が適用される場合とが違うからです。つまり、会社法はその名のとおり会社に適用される法律です。これに対して、商法総則は、原則として会社以外の個人商人にのみ適用される法律なのです。個人商人といわれても、よくわからないかもしれませんが、個人で経営している薬局とか町の八百屋さんといった人をイメージしてくれればいいです。商店街の一角で薬を売っている個人経営の薬局と、全国規模でチェーン展開しているドラッグストアとでは、お店で薬を販売しているという点では共通していますが、はたして同じ法律で規律してもいいのか疑問がありますよね。両者は、企業規模が異なるし、従業員の数もまったく異なっています。そこで、会社には会社法を適用し、会社以外の個人商人には商法を適用することにしたのです。

　これから、商法総則の話をしていくわけですが、便宜上、会社法総則についてもここでお話することにします。

❷商号

　商法総則と会社法総則の分野では、特に重要なものだけピックアップしてお話することとします。まず最初に「商号」です。

148……第2章　商法総則・商行為

(1) 商号の意義

　商号とは、簡単にいえば商人の名称です。たとえば、商人Ａさんが「真」という商号でラーメン屋さんを始めたとします。近所では、「真」のラーメンは、安くておいしいと評判です。その評判はとなり町まで届き、となり町からわざわざラーメンを食べに来てくれるお客さんも増えてきました。そこで、Ａさんは、となり町に「真２号店」を出店したいと考えています。「真」という商号を使えば、となり町の人たちにも、同じお店だということがわかってもらえるからです。このように、商号は、同じ人物が経営しているということを一般の人々に知ってもらうための手段といえます。また、商号にはお店やお店の商品に対する一般の人々の信頼がよせられます。このように商号は、とても重要な意義を有しているわけです。

(2) 名板貸人の責任

　では、事例を変えます。

　となりの市に住んでいるＢさんも、ラーメン屋さんをやろうと考えていました。そこで、Ｂさんは、Ａさんに「『真』の名前を貸してくれないか」と相談してきたとします。Ａさんは、心が広い人だったので、「いいよ」と返事をしてしまいました。Ｂさんは、「真３号店」という商号でラーメン屋を始めました。しかし、Ｂさんが作るラーメンは、おいしくなかったので、しばらくしてお店は潰れてしまいました。Ｂさんは、製麺所を経営するＣさんから麺を買っていましたが、麺の代金を弁済する前に倒産してしまった、という事案を考えてください。

　Ｃさんは、代金の弁済をＢさんに迫ろうとしたのですが、Ｂさんはどこかに雲隠れしてしまい見つかりません。そこで、Ｃさんは、Ｂさんに名前を貸していたＡさんに代金を請求したいと考えています。これは、認められるでしょうか。商法14条をみてください。

Ⅰ　商法総則……149

▶▶▶商法第14条

　自己の商号を使用して営業又は事業を行うことを他人に許諾した商人は、当該商人が当該営業を行うものと誤認して当該他人と取引をした者に対し、当該他人と連帯して、当該取引によって生じた債務を弁済する責任を負う。

　Ａさんは、Ｂさんに対して「真」という商号を使用して、ラーメン屋という営業を行うことを許諾したわけですから、もしＣさんがＡさんと取引をしていると信じていた場合には、商法14条が適用されます。したがって、ＡさんはＢさんと連帯して債務を弁済する責任を負うことになります。では、どうしてＡさんはこのような責任を負わされることになるのでしょう。

　Ｃさんは、Ｂさんと取引をしており、Ａさんと取引していたわけではないのだから、本来ＡさんはＣさんに対して、何ら責任を負わないはずです。しかし、Ｃさんは、「このお店は『真3号店』という商号を使っているのだからＡさんが経営しているはずだ。Ａさんのお店だったら繁盛するだろう」と信頼して取引を始めたのです。Ｃさんがこのように思って取引を始めたのであれば、Ｃさんの信頼は保護してあげないとかわいそうですよね。一方、Ａさんは自分のお店の名前「真」をＢさんに使わせてあげていたわけですから、このような責任を負わされることになったとしてもやむをえないといえます。そこで、商法14条は、名板貸人に連帯責任を負わせることにしたのです。このような責任の根拠は禁反言の原則とか外観法理に求められます。

　Ａさんは、Ｂさんに名前を貸していただけでＢさんのお店の経営には一切かかわっていなかったのだから、このような結論はおかしい、Ａさんがかわいそう、と思われるかもしれません。しかし、先ほどもお話しましたとおり、商号にはお店やお店の商品に対する一般の人々の信頼がよせられ

キーワード　外観法理

虚偽の外観の存在、虚偽の外観を作出したことについて本人の帰責性、虚偽の外観に対する第三者の信頼、という3つの要件を満たす場合に、その外観に対する第三者の信頼を保護し、権利を有しない者からの権利の取得を例外的に認める法理。取引の安全を図ることを趣旨とし、商法14条の名板貸人の責任のほか、表見支配人（商法24条、

150……第2章　商法総則・商行為

るという重要な意義があるのです。ですから、商号を他人に貸すときには、このような責任を負うかもしれないということを覚悟して貸さなければいけないのです。

（3）会社法における名板貸人の責任

会社法にも同様の規定がおかれています。会社法9条をみてください。

> ▶▶▶会社法第9条
> 　自己の商号を使用して事業又は営業を行うことを他人に許諾した会社は、当該会社が当該事業を行うものと誤認して当該他人と取引をした者に対し、当該他人と連帯して、当該取引によって生じた債務を弁済する責任を負う。

「事業」という言葉と「営業」という言葉が入れ替わっているだけで、内容は商法と同様です。事業は会社に関することで、営業は個人商人に関することで、その実質は同じですから、言葉の問題にすぎないと思っておいてかまいません。

❸商業登記
（1）商業登記の意義

支配人はその権限が広いことから、誰が支配人なのかということはとても重要です。そこで、支配人が誰かということを登記しなければならないことになっています。商法22条と会社法918条をみてください。

> ▶▶▶商法第22条
> 　商人が支配人を選任したときは、その登記をしなければならない。支配人の代理権の消滅についても、同様とする。

会社法13条）、表見代表取締役の規定（会社法354条）も、このような法理に基づく。

Ⅰ　商法総則……151

▶▶▶**会社法第918条**
　会社が支配人を選任し、又はその代理権が消滅したときは、その本店の所在地において、その登記をしなければならない。

　たとえば、ある支店長と取引をしようとした人が、この人は本当に支店長なのかちょっと心配になったら、登記所に行って登記簿を見て確認すれば、誰が支配人なのかが書いてあります。それで安心して取引ができることになります。このように、商法上・会社法上の一定の重要な事柄を公示するための制度が商業登記です。

　登記というと、民法では土地の登記簿とか、建物の登記簿、すなわち不動産の登記を思い浮かべますが、商法や会社法でもこのように重要な事項を商業登記簿に登記しておくことになっています。

　個人商人や会社と取引をする第三者は、その商人・会社の取引上の重要な事柄、たとえば、その使用人の能力や代理権の有無・範囲などについて正確に知ることができれば、安心して取引をすることができるでしょう。そのためには、外部から簡単にはわからない事項が一般に公示されていればきわめて好都合です。他方、商人・会社としても、一定の重要事項については一般に公示した方がその信用を増大することができます。また、公示した事項については第三者に対抗できるとするならば、その利益は更に大きくなります。このように、商人・会社自身の利益、および取引の相手方または広く一般公衆の利益のために、商業登記制度が定められているのです。

（2）商業登記の効力

　登記すべき事項は、たとえ実体法上成立しまたは存在していても、登記がなければ善意の第三者に対抗することができません。「登記すべき事項」というのはどういうものかというと、条文に書いてあります。

　商法では、まず支配人については商法22条で登記事項とされています。その他にも、5条、6条、11条2項といった条文で登記事項が規定されています。

152……第2章　商法総則・商行為

会社法では、911条から936条にさまざまな登記事項が規定されています。

（ⅰ）登記の消極的公示力

これらの条文で規定されている事項は、きちんと登記しておかなければ、善意の第三者に対抗できません。たとえば、商人であるＡさんが支配人としてＢさんを選任していたにもかかわらず、Ｂさんが支配人であることについて登記していなかった場合を考えてください。Ｂさんが、Ａさんを代表してＣさんと取引行為をしたときに、ＣさんはＢさんが支配人であることについて知らなかったとします。このとき、Ａさんは、Ｂさんが支配人であることについてＣさんに主張することはできないということです。これが、登記の消極的公示力です。要するに、登記をしなければ対抗できないということです。

商法９条１項前段と会社法908条１項前段をみてください。

▶▶▶**商法第９条**
①　この編の規定により登記すべき事項は、登記の後でなければ、これをもって善意の第三者に対抗することができない。登記の後であっても、第三者が正当な事由によってその登記があることを知らなかったときは、同様とする。
〈②　略〉

▶▶▶**会社法第908条**
①　この法律の規定により登記すべき事項は、登記の後でなければ、これをもって善意の第三者に対抗することができない。登記の後であっても、第三者が正当な事由によってその登記があることを知らなかったときは、同様とする。
〈②　略〉

これらはとても大切な条文です。登記した後でないと登記事項について善意の第三者に対抗できないという意味です。ちなみに、民法では、登記した後でないと悪意の第三者にも対抗できませんでしたが、商法では、善意の第三者に限定されています。

Ⅰ　商法総則……**153**

（ii）登記の積極的公示力

　他方、登記すべき事項が成立しまたは存在している場合に、これを登記した後は、その登記事項については善意の第三者にも対抗できることになります。いったん登記してしまえば、取引の相手方に「そんなこと知りませんでした」とは言わせないということです。このような登記の効力を積極的公示力といいます。商法9条1項後段と会社法908条1項後段は、この登記の積極的公示力を規定しています。つまり、「登記後であっても、正当な事由によってその登記があることを知らなかったときには、その相手方に対して登記事項をもって対抗できない」ということを反対解釈すれば、「登記後は、正当な事由がないかぎり、登記があることを知らなかった相手方に対しても対抗できる」と読めるわけです（商法9条1項前段・会社法908条1項前段の反対解釈によっても同様の結論を導くことができます）。たとえば、先の事例でいえば、商人であるAさんが、Bさんを支配人として選任して登記すれば、たとえCさんがBさんを支配人と知らなかったとしても、Aさんは「Bさんが支配人だ」とCさんに対して主張できるということです。

　このように、商法9条1項、会社法908条1項はとても大切な条文です。登記をきちんしなければ何もいえないけれども、きちんとすれば善意者にも対抗できるという関係にあります。

（iii）不実の登記

　商法9条2項と会社法908条2項は不実の登記について規定しています。

> ▶▶▶商法第9条2項
> 〈① 略〉
> ② 故意又は過失によって不実の事項を登記した者は、その事項が不実であることをもって善意の第三者に対抗することができない。

▶▶▶会社法第908条2項

〈①　略〉

②　故意又は過失によって不実の事項を登記した者は、その事
項が不実であることをもって善意の第三者に対抗することが
できない。

　不実の登記とは、実体と異なる虚偽の登記です。商法9条2項、会社法
908条2項は、虚偽の登記をした場合には、善意の第三者に対してそれは真
実ではないとはいえないとしています。たとえば、本当はBが支配人では
ないにもかかわらず、Bが支配人であるという虚偽の登記をした場合には、
それを信頼してBと取引をしたCは保護されますという条文です。先ほど
お話した名板貸人の責任について規定した商法14条や会社法9条と同様に、
禁反言の原則または外観法理に基づく規定です。

　このように、商業登記では商法9条と会社法908条がとても大切です。

❹使用人

　使用人に関する規定は、商法総則では第20条以下で「商業使用人」とし
て、会社法総則では第10条以下で「会社の使用人等」として規定されてい
ます。

　およそ個人企業であると会社企業であるとを問わず、企業の規模が大き
くなっていくと、商人または会社経営者がその活動のすべてをみずから行
うことは困難となります。そのため、商人の営業活動や会社の事業活動が
円滑に行われるように、その活動を手助けしてくれる補助者が必要になり
ます。この補助者に、使用人と代理商とがあります。使用人という概念は
さまざまな場面で登場しますが、代理商という概念はあまり使いません。
そこで、代理商についてここでは簡単に触れるだけにして、あとは使用人
について説明することにします。

Ⅰ　商法総則……155

商法総則における代理商というのは、商人の使用人ではないけれど商人の営業活動を外から手助けする人のことです。商人の取引の代理や媒介を行うことによって、商人の営業活動を外部から補助します。会社の代理商もこれと同様で、会社の外部にあって会社の事業活動を手助けします。あくまで独立の商人であってその会社の使用人ではありません。

　一方、使用人というのは、商人、会社に従属して営業（事業）活動を補助します。代理商が、独立の商人として外から商人や会社の活動を補助するのに対し、使用人は商人に従属し、あるいは会社に従属して会社組織の内部で、商人、会社の活動を手助けするのです。

　以下では、使用人のなかでも特に重要な支配人について説明していきます。

（1）支配人

　前述しましたが、使用人には、商法総則で規定する商業使用人と、会社法で規定する会社の使用人とがあります。従属する相手が個人商人であれば商業使用人の規定が適用され、会社であれば会社の使用人の規定が適用されます。適用は異なりますが、いずれも商人や会社の手足となってはたらく者で、たいていの場合は雇用契約に基づく従業員が使用人であると思っていただいていいでしょう。

　そして、この使用人というのは何種類かありますが、重要なのが支配人です。商法20条と会社法10条をみてください。

　　▶▶▶商法第20条
　　商人は、支配人を選任し、その営業所において、その営業を行わせることができる。
　　▶▶▶会社法第10条
　　会社（外国会社を含む。以下この編において同じ。）は、支配人

を選任し、その本店又は支店において、その事業を行わせること
ができる。

　なぜ支配人がもっとも重要かといいますと、支配人は非常に広い権限を
もっている使用人だからです。商法21条1項と会社法11条1項をみてくだ
さい。

　　▶▶▶商法第21条
　　　①　支配人は、商人に代わってその営業に関する一切の裁判上
　　　　又は裁判外の行為をする権限を有する。
　　〈②以下　略〉
　　▶▶▶会社法第11条
　　　①　支配人は、会社に代わってその事業に関する一切の裁判上
　　　　又は裁判外の行為をする権限を有する。
　　〈②以下　略〉

支配人	商法21条1項、会社法11条1項
商人または会社に代わってその営業（事業）に関する一切の裁判上または裁判外の行為をなす権限を有する使用人	

　さて、支配人とはどういう人たちでしょうか。もっとも典型的なのが、
支店長です。支配人というと、ホテルの支配人とかクラブの支配人とかを
イメージするかもしれません。しかし、そのように支配人とよばれている
人だけが法律上の支配人ではありません。たとえば、銀行や商社の支店長、
あるいはメーカーの営業所長など、1つのセクションを完全に任されてい
る人が支配人だと思ってください。
　支配人と取引すると、その支配人を雇っている商人や会社にその効果が

I　商法総則……157

帰属して、取引の相手方は商人、会社に対して請求をすることができます。なぜなら、支配人が商人の営業や会社の事業に関し「一切の裁判上又は裁判外の行為をする権限」、すなわち包括的代理権を有しているからです。

(2) 表見支配人

このように、支配人とは、包括的代理権が与えられた使用人です。したがって、そうした包括的代理権が与えられていなければ、支配人ではありません。そのような支配人ではない人と取引をしたとしても、雇主である商人や会社には、何ら請求できないはずです。

しかし、支店長や営業所長といった肩書がある人と取引をした相手方は、その人が支配人であると信頼して取引をしてしまいますよね。そこで、そのように信頼して取引をした者を保護する必要があります。

たとえば、甲株式会社乙支店支店長Aという肩書きが与えられている人がいたとします。しかし、実際には甲株式会社の内規で、Aさんは一切の取引について本店の承認を得なければならないとされていました。Bさんは、Aさんと売買契約を締結しましたが、Aさんに権限がないことを知らなかったとします。

この場合、Aさんには包括的代理権は与えられていないことから、Aさんは支配人ではありません。したがって、Bさんが、Aさんと取引をしたとしても、その取引の効果は甲株式会社には帰属せず、Bさんは甲株式会社に対して請求することはできないはずです。しかし、それではBさんは困るわけです。Aさんの名刺には、「支店長」という肩書きが書いてあるので、Bさんは「この人は支店長なのだから、甲株式会社の支配人だろう」と信頼して取引をしたわけです。このBさんの信頼を保護してあげなければ、取引の安全は著しく害されてしまいますよね。

民法では、このような場合には、表見代理という制度によって取引の安

158……第2章　商法総則・商行為

全を図っています。商法や会社法でも、それに対応する表見支配人という制度があります。商法24条と会社法13条をみてください。

▶▶▶商法第24条

　商人の営業所の営業の主任者であることを示す名称を付した使用人は、当該営業所の営業に関し、一切の裁判外の行為をする権限を有するものとみなす。ただし、相手方が悪意であったときは、この限りではない。

▶▶▶会社法第13条

　会社の本店又は支店の事業の主任者であることを示す名称を付した使用人は、当該本店又は支店の事業に関し、一切の裁判外の行為をする権限を有するものとみなす。ただし、相手方が悪意であったときは、この限りではない。

　要するに、支配人であるかのような肩書きがついた使用人と取引をした善意の相手方は保護されるという条文です。その趣旨は、支配人であるかのごとき外観をつくったことに帰責性のある商人ないし会社の犠牲において、その外観を信頼して取引に入った相手方を保護することによって、取引の安全を図ることにあります。

　以上で簡単な概略を説明しましたが、支配人という使用人の意義と、表見支配人という取引の安全を図る制度があるということを知っておいてください。

❺営業譲渡

　一般に、一定の目的のために組織化された有機的一体として機能する財産を、「営業」といいます。わかりづらいですが、要するに、動産、不動産、債権といった個々の財産だけでなく、得意先や営業のノウハウといった事実関係をも含んだ一体的な概念だということです。そのため、営業には、コピー機やパソコン、建物とかいった個々の財産の合計額を超える価値が

I　商法総則……**159**

あります。そして、このような「営業」を、商人が他人に譲り渡すことを営業譲渡といいます。営業のために使っていた個々の財産を単純に譲り渡すのではなく、「営業」そのものを一体として譲り渡す、そんなイメージです。

そして、営業譲渡で重要なことは、営業を譲渡した商人が競業避止義務を負うということです。商法16条1項をみてください。

> ▶▶▶商法第16条
> ①　営業を譲渡した商人（以下この章において「譲渡人」という。）は、当事者の別段の意思表示がない限り、同一の市町村（特別区を含むものとし、地方自治法（昭和22年法律第67号）第252条の19第1項の指定都市にあっては、区又は総合区。以下同じ。）の区域内及びこれに隣接する市町村の区域内においては、その営業を譲渡した日から20年間は、同一の営業を行ってはならない。
> 〈②以下　略〉

要するに、営業を譲渡した商人は、譲渡した営業と同一の営業を、一定の区域で、20年間行えなくなるということです。これは、営業を譲り受けた者の営業活動を保護するためです。営業を譲渡した商人が、譲渡後も引き続き同じ営業を近隣で行えば、その営業を譲り受けた商人の営業活動が害されるおそれがありますよね。そのような事態を防止して営業譲渡の実効性を確保するために、譲渡人に競業避止義務が課されているのです。なお、義務の範囲を20年とか一定の区域と限定したのは、営業の譲渡人の営業活動を不当に制約しないためです。

また、営業譲渡は、営業そのものを譲渡するわけですから、譲渡人の債権者などの利害に大きな影響を与えるおそれがあります。そこで、一定の場合について債権者の保護規定があります。

まず、営業譲渡は営業そのものを一体として譲渡する契約ですから、譲

160……第2章　商法総則・商行為

受人が譲渡人の商号を引き続き使用する場合があります。この場合、譲受人も譲渡人の営業によって生じた債務を弁済する責任を負います。商号の続用があれば債務もまた承継されているであろうという債権者の信頼を保護する趣旨です。商法17条1項をみてください。

> ▶▶▶商法第17条
> ①　営業を譲り受けた商人（以下この章において「譲受人」という。）が譲渡人の商号を引き続き使用する場合には、その譲受人も、譲渡人の営業によって生じた債務を弁済する責任を負う。
> 〈②以下　略〉

　また、商号の続用がない場合でも、譲受人が譲渡人の事業によって生じた債務を引き受ける旨の広告をした場合には、譲受人はその債務を弁済する責任を負います。

　次に商法18条1項をみてください。

> ▶▶▶商法第18条
> ①　譲受人が譲渡人の商号を引き続き使用しない場合においても、譲渡人の営業によって生じた債務を引き受ける旨の広告をしたときは、譲渡人の債権者は、その譲受人に対して弁済の請求をすることができる。
> 〈②以下　略〉

　以上が、商人の営業譲渡についての概略です。

　会社が事業を譲渡する場合については、会社法21条から24条で別に規定されています。ただ、「営業」と「事業」という言葉の違いがあるくらいで、規定の内容はほとんど同じです。

I　商法総則……161

Ⅱ　商行為法

　それでは、商行為法の分野で特に重要な項目についてお話していきましょう。

❶民法の特則

　まず、商法513条１項をみてください。

> ▶▶▶商法第513条
> 　商人間において金銭の消費貸借をしたときは、貸主は、法定利息を請求することができる。

　民法における金銭消費貸借契約では、利息を請求するためには利息を付する旨の特約が必要です。しかし、商法では、特約をしなくても、当然に法定利息を請求できることになっています。これは、商取引の営利性や迅速性に基づく規定です。

　このように、商法は、民法とは異なるさまざまな特別規定をおいています。これは、商取引の営利性や迅速性に由来します。

　商行為も法律行為なので、本来であれば、法律行為に関する一般法である民法が適用されます。しかし、民法が主に想定しているのは、一般市民同士による１対１の取引です。これに対して、商取引は、プロによる取引ですから、大量かつ反復的で、営利性、迅速性も要求されます。そこで、このような商取引の特殊性から、商行為に関して特別のルールを定める必要があり、商法を優先的に適用することにしたのです。そのため、商法は民法の特別法といえます。

　商法のなかには、当事者が商人であるか否かに関係なく商行為であれば適用されるもの、当事者の一方が商人であることを要するもの、当事者の双方が商人である場合にかぎって適用されるものがあります。商法513条

1項は、当事者の双方が商人である場合にかぎって適用される規定のひとつです。

次に、商法512条をみてください。

▶▶▶商法第512条
　商人がその営業の範囲内において他人のために行為をしたときは、相当な報酬を請求することができる。

民法上、委任契約や寄託契約をした場合において報酬をもらうためには、報酬はいくらですという特約をしなければなりません（民法648条1項、665条・648条1項）。しかし、商法では、商人がその営業の範囲内において他人のために何らかの行為をした場合には、黙っていても報酬がもらえるということです。これは、商取引の営利性からです。

このほかにも、商行為の代理については、顕名がなくても、代理行為は原則として有効で、本人にその効果が帰属するという規定があります（商法504条本文）。取引の迅速性を確保するためです。また、商行為の委任による代理権は、本人の死亡によっても消滅しません（506条）。

このように、商行為法は、民法と異なる特別なルールを定めています。そして、先ほども説明したとおり、これらのルールには、当事者が商人であるか否かに関係なく商行為であれば適用されるもの、当事者の一方が商人であることを要するもの、当事者の双方が商人である場合にかぎって適用されるものがあります。

そのため、何をもって商行為というのか、どのような人が商人なのかという、商人と商行為の定義が問題となります。それぞれについてみていきましょう。

❷商人
まず、商人とは何かをみていきましょう。商人には、商行為の概念を基

礎とする固有の商人と、商行為の概念を基礎としない擬制商人とがあります。

固有の商人とは、「自己の名をもって商行為をすることを業とする者」をいいます。「固有の」というのは本来的な意味での商人といった意味あいです。これに対して、擬制商人というのは読んで字のごとく、商人とみなされる商人のことです。

商法4条をみてください。

> ▶▶▶商法第4条
> ① この法律において「商人」とは、自己の名をもって商行為をすることを業とする者をいう。
> ② 店舗その他これに類似する設備によって物品を販売することを業とする者又は鉱業を営む者は、商行為を行うことを業としない者であっても、これを商人とみなす。

固有の商人 ⋯⋯ 商法4条1項

自己の名をもって商行為をすることを業とする者

4条1項が、固有の商人の条文です。「商行為をすることを業とする者」とあり、定義の中に商行為という概念が入っています。そのため、商人を定義するには、商行為とは何かを明らかにしたほうがいいので、次のところでお話していきます。なお「商行為をすることを業とする者」とありますが、「業」というのは反復・継続するということです。商行為を反復・継続して行う人、それが商人になります。

キーワード **固有の商人**
自己の名をもって商行為をすることを業とする者をいう（商法4条1項）。

164……第2章 商法総則・商行為

❸商行為

（1）絶対的商行為と営業的商行為

　では、商行為とは何か、商法501条、502条に出てきます。501条をみてください。

> ▶▶▶商法第501条
> 　次に掲げる行為は、商行為とする。
> 　一　利益を得て譲渡する意思をもってする動産、不動産若しくは有価証券の有償取得又はその取得したものの譲渡を目的とする行為
> 　二　他人から取得する動産又は有価証券の供給契約及びその履行のためにする有償取得を目的とする行為
> 　三　取引所においてする取引
> 　四　手形その他の商業証券に関する行為

　1号から4号に書いてあるのが商行為です。

　次に、502条をみてください。

> ▶▶▶商法第502条
> 　次に掲げる行為は、営業としてするときは、商行為とする。ただし、専ら賃金を得る目的で物を製造し、又は労務に従事する者の行為は、この限りでない。
> 　一　賃貸する意思をもってする動産若しくは不動産の有償取得若しくは賃借又はその取得し若しくは賃借したものの賃貸を目的とする行為
> 　二　他人のためにする製造又は加工に関する行為
> 　三　電気又はガスの供給に関する行為
> 　四　運送に関する行為
> 　五　作業又は労務の請負

Ⅱ　商行為法……165

六　出版、印刷又は撮影に関する行為

七　客の来集を目的とする場屋における取引

八　両替その他の銀行取引

九　保険

十　寄託の引受け

十一　仲立ち又は取次ぎに関する行為

十二　商行為の代理の引受け

十三　信託の引受け

　「次に掲げる行為は、営業としてするときは、商行為とする」と書いてあります。501条は、誰がしても、1回だけしても、商行為なので「絶対的商行為」といいます。これに対して502条は、営業として行ったときに初めて商行為となるので「営業的商行為」といいます。そして、絶対的商行為と営業的商行為の両者を合わせて基本的商行為といいます。この基本的商行為を行う人を「固有の商人」と定義します。

　たとえば、501条1号には「利益を得て譲渡する意思をもってする動産、不動産若しくは有価証券の有償取得又はその取得したものの譲渡を目的とする行為」とあります。ずいぶん難しいことが書いてあるなと思うかもしれませんが、簡単にいえば、安く仕入れて高く売ることです。すなわち、利益を上乗せして高く販売するために動産や不動産・有価証券を有償で取得する行為と、取得したものに利益を乗せて販売する行為、そのいずれもが絶対的商行為だといっています。普通の商人がやっていることです。

　501条2号には「他人から取得する動産又は有価証券の供給契約及びその履行のためにする有償取得を目的とする行為」とあります。これもちょっとわかりにくいかもしれませんが、将来仕入れることを予定して先に売る、つまり、先物取引ということです。さらに、501条3号には「取引所においてする取引」とありますが、これはゴムとか大豆、小豆とかの取引所における取引のことです。そして、501条4号には「手形その他の商業証券

166……第2章　商法総則・商行為

に関する行為」というのがあります。以上が絶対的商行為です。

502条の営業的商行為というのは、営業として行ったときに初めて商行為となるものです。営業としてというのは、営利目的で反復・継続して行うということです。たとえば、1号に「賃貸する意思をもってする動産若しくは不動産の有償取得…」と書いてあります。これはリース契約です。たとえば、レンタルビデオ店を開業するためにビデオやDVDを仕入れる、またはそれを貸し出す行為をいいます。ほかにも、製造や加工、運送など、さまざまな行為があがっていますが、これらの行為を営利目的で反復・継続して行った場合に、営業的商行為として商法の適用を受ける行為となるのです。みなさんが自分のDVDを友人に貸すような行為は、営利目的で反復・継続しているものではありません。ですから、商法ではなく民法の適用を受けるのです。しかし、それをレンタルビデオ店がやると、営業として行っているので、商法の適用を受けるのです。

そして、先ほどの商人のところで、商人を定義するためには、商行為とは何かを明らかにする必要があるとお話しました。501条に掲げられている絶対的商行為、そして、営利目的で反復・継続して行う場合の502条に掲げられている行為、すなわち営業的商行為、これらが4条1項の「商行為」にあたります。そして、この「商行為」を行う人が、「自己の名をもって商行為をすることを業とする者」にあたり、商人となるのです。

(2) 擬制商人

しかし、商人をこういう人たちだけに限定して考えるのは少し狭すぎるのではないかということで、商人とみなすという規定があります。これが、さきほどお話した4条2項の「店舗その他これに類似する設備によって物品を販売することを業とする者又は鉱業を営む者」、すなわち擬制商人です。店舗を設けて物品の販売をしたり、または鉱業をする、そういう人た

Ⅱ　商行為法……**167**

ちは、商行為をしなくても商人とみなす、そういう規定です。

　なお、会社が事業としてする行為や事業のためにする行為は、商行為とされます。したがって、商行為法の適用を受けることになります。

　会社法5条をみてください。

> ▶▶▶**会社法第5条**
> 　会社（外国会社を含む。次条第1項、第8条及び第9条において同じ。）がその事業としてする行為及びその事業のためにする行為は、商行為とする。

　ここで問題となるのが、商法総則との関係です。

　商法総則と会社法総則との関係のところで、会社には商法総則は適用されないというお話をしました。ところが、会社法5条によって、会社の行為は商行為とされます。そうすると、会社も「自己の名をもって商行為をすることを業とする者」、すなわち商人にあたり、形式的には商法総則が適用されることになります。しかし、商法総則のうち会社に適用されるべき規定については、すべて会社法で定められています。そこで、商法は、商法総則と会社法とで適用が重なるのを避けるため、商人から会社と外国会社を除外しています。商法11条1項をみてください。

> ▶▶▶**商法第11条1項**
> ①　商人（会社及び外国会社を除く。以下この編において同じ。）は、その氏、氏名その他の名称をもってその商号とすることができる。
> 〈②　略〉

　このように、商人から会社は除外されていますから、会社には商法総則は適用されません。

168……第2章　商法総則・商行為

(3) 附属的商行為

では、商法503条をみてください。

▶▶▶商法第503条
① 商人がその営業のためにする行為は、商行為とする。
② 商人の行為は、その営業のためにするものと推定する。

これは、商人が行う行為はすべて商行為になるというものです。商人がその営業のために行うさまざまな行為は、すべて商行為とされ、これを「附属的商行為」とよびます。

以上が商行為の基本的なお話です。基本的商行為として絶対的商行為と営業的商行為があり、それを行う人を固有の商人とよびます。そして、商人には、それ以外の擬制商人があります。商法501条、502条、4条あたりの条文は、読んで意味がわかるくらいにしておいてください。

このようにして商行為とは何かが明らかになり、それら商行為については、民法上の一般原則とは異なった扱いがされることになるのです。

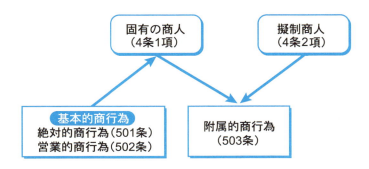

Ⅱ 商行為法……169

Ⅲ　まとめ

　商法総則と商行為について、重要なポイントに絞ってお話してきました。商法典を見てみると、ほかにもいろいろな規定があることがわかると思います。しかし、まずはここまででお話してきたポイントを理解してもらえれば十分です。

　商法総則では、会社法にも共通する部分をお話してきました。商号に関して、名板貸人の責任は重要です。実務的にもよく見る条文ですので、しっかり押さえておきましょう。営業譲渡も、M&Aの手法のひとつとしてよく利用される重要な規定です。「営業」という概念はなかなかイメージが持ちにくいかもしれませんが、商人が営んでいた商売の中身そのものを一体として譲渡するようなイメージです。本書を繰り返し読んで、イメージをつかめるようにしてください。

　商行為法では、「商人」という概念と「商行為」という概念が重要です。営業的商行為のところは、入れ子のような構造になっていて少しわかりにくいかもしれませんが、条文をよく読んでイメージをつかめるようにしましょう。

　そもそも、どうして民法とは別に商法があるのかというと、一般の人の取引と商売のプロの取引とでは、その内容も数もスピードも、あらゆる面で違いがあるからです。それぞれに適したルールを適用するために、商法典が存在します。同様に、会社法とは別に商法がある理由も、大規模経営を想定している会社と個人商人とでは、それぞれに適したルールが必要だからです。この点を理解していれば、それぞれの法典の特徴を早くつかむことができるでしょう。

理解度クイズ④

1 登記すべき事項を登記していないと善意の第三者に対抗できないという効力を何というか。

① 登記の積極的公示力

② 登記の消極的公示力

③ 登記の基本的公示力

2 自己の名をもって商行為をなすを業とする者を何というか。

① 商業使用人

② 固有の商人

③ 擬制商人

④ 支配人

3 次のうち商行為の種類としてふさわしくないものはどれか。

① 絶対的商行為

② 継続的商行為

③ 営業的商行為

④ 附属的商行為

4 次のうち1回だけでも商行為となるものはどれか。

① 他人から取得する動産又は有価証券の供給契約及びその履行のためにする有償取得を目的とする行為

② 運送に関する行為

③ 作業又は労務の請負

④ 客の来集を目的とする場屋における取引

※解答は巻末

理解度クイズ④ ……171

第3部
有価証券法

I 有価証券とは

II 手形の振出

III 手形の譲渡方法——裏書

IV 善意者保護の制度

V 支払

VI まとめ

I　有価証券とは

❶有価証券の意義

　まず、有価証券とはいったい何なのでしょうか。有価証券とは、財産的価値ある私権を表章する証券で権利の移転および行使に証券を必要とするものです（有力説）。たとえば、約束手形や小切手、株券や商品券などです。

　有価証券には、権利の発生・行使・移転のすべてにつき証券の作成・占有・移転を必要とする完全有価証券があります。手形や小切手はその典型です。一方、権利の発生・行使・移転の一部のみが証券によってなされることを要する不完全有価証券というものもあります。

　これから有価証券についてお話するわけですが、その内容はそのうちの完全有価証券である手形や小切手の話になります。

　まず、「財産的価値ある私権を表章する」の意味ですが、私権というのは私法上の権利という意味で、財産的な価値をもっている私法上の権利を表しているということです。「権利の移転および行使」、つまり移転と行使の両方が証券によってなされることを要するというところが重要です。財産的な価値のある私権をあらわすということと、権利の発生・行使および移転のすべてに証券が必要なもの、それを完全有価証券というわけです。これから先は単に有価証券という言葉で説明します。

　財産的な価値のある私権として最も典型的なものは金銭の支払請求権です。たとえば、「権利の発生」が証券によってなされるというのは、簡単にいえば、権利を発生させるためには、100万円と記載した証券を作成することが必要ということです。証券を作成しなければ証券上の権利は発生しません。手形であれば手形上の権利は手形を作成しなければ発生しないという意味です。

174……第3章　有価証券法

「権利の移転」というのは、手形という紙切れ、証券としての手形を渡す、つまり移転させることによって、手形上の権利も一緒に移転していくことです。したがって、証券と切り離して手形上の権利だけを移転することはできません。手形上の権利を移転するためには、必ず証券も一緒に渡さなければいけないということです。

「権利の行使」というのは、もちろんその有価証券に結合された権利を行使することです。手形であれば、手形金額の請求をすることです。権利の行使に証券を必要とするということは、手形金の請求をするときに手形そのものの呈示が必要ということです。このように、権利の行使に証券を必要とすることで、権利の移転にも証券の交付が必要とされ、その結果、権利の移転の手続が簡易化し、有価証券における権利の流通性を高めることができるのです。

このように、発生と移転、行使の3つが証券＝紙切れによってなされなければいけません。

この定義は今ひとつ抽象的でわかりにくいかもしれません。そこで、なぜ有価証券というものが必要になってきたのか、以下で流れを追ってみます。

❷有価証券の目的

有価証券は、権利の流通を促進して、経済を発展させるためにつくられた法技術です。日々、多くの取引をする商人の世界では、権利の流通を促進する必要があったため、有価証券という仕組みがつくられました。有価証券が権利の流通促進を目的としていることは、とても重要ですので押さえておきましょう。

たとえば、AさんがBさんに自動車を100万円で売ったとします。これにより、売主Aの買主Bに対する100万円の代金債権が発生しました。通

Ⅰ　有価証券とは……175

常であれば、売主Aは、弁済期まで待って、買主Bから100万円の支払を受ければよいはずです。しかし、商人の世界では、多くの取引が同時併行しており、売主Aが弁済期よりも早く現金をほしくなることがあります。この場合、代金債権を第三者Cに売って現金に換える方法がとられます。

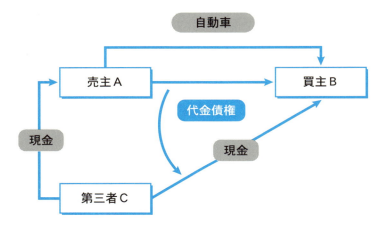

　代金債権を譲渡する方法として典型的なものは、民法の債権譲渡という方法です。

　しかし、民法上の債権譲渡という方法をとるためには、対抗要件として債務者に対する通知が必要であるなど、少し煩雑な手続が必要です。民法467条をみてください。

　▶▶▶民法第467条
　①　債権の譲渡（現に発生していない債権の譲渡を含む。）は、譲渡人が債務者に通知をし、又は債務者が承諾をしなければ、債務者その他の第三者に対抗することができない。
　②　前項の通知又は承諾は、確定日付のある証書によってしなければ、債務者以外の第三者に対抗することができない。

また、債権というものは目に見えません。そのため、Ａさんが Ｃさんに代金債権を売ろうとしても、Ｃさんには、本当にＡさんが代金債権をもっているのかわかりません。あるのかどうかもわからない代金債権を買うのは不安ですから、Ｃさんは、そもそも代金債権を買ってくれなかったり、買うにしても時間をかけて慎重に判断したりするでしょう。

　このように、民法上の債権譲渡の方法だと、権利をお金に換えるのがスムーズにいかず、取引が停滞してしまいます。そこで、昔の人は、権利を目に見える形にして不安を解消するとともに、簡単に譲渡できる仕組みをつくりました。

　具体的には、目に見えない権利を目に見える紙切れに結合させて、権利を移転するには必ずその紙切れと一緒でなければならないというルールをつくったのです。こうすることで、「紙切れが存在する」＝「紙切れに書いてある内容の権利が存在する」ことが一目瞭然になって安心ですし、紙切れを渡すだけで権利を移転させることができて簡単ですから、権利の流通が促されます。これが有価証券という仕組みです。

　権利を紙切れに結合させることを「表章させる」とか「化体させる」と表現します。権利を表章させた紙切れを証券といいます。証券は、権利が結合された紙切れですから、それ自体が価値をもっているといえます。まさに価値を有する証券なので、有価証券といいます。冒頭で、有価証券とは、財産的価値ある私権を表象する証券で権利の移転および行使に証券を必要とするものと定義しました。ここまで読めば、この定義の意味がわかってもらえたのではないでしょうか。

❸有価証券の種類

　有価証券の典型例は、手形と小切手です。手形には、約束手形と為替手形があります。まずは、約束手形、為替手形、小切手という３つの有価証

Ⅰ　有価証券とは……177

券を押さえましょう。

(1) 約束手形

約束手形とは、主として信用を与える手段として使われる手形です。信用を与えるとは、要するに、決められた期日にお金を払ってくれると信じて支払を猶予することです。

たとえば、AさんがBさんに自動車を100万円で売ったとします。この場合に、Aさんとしては、自動車をBさんに引き渡すのと同時に代金を支払ってもらうのが一番安心です。しかし、この時、Bさんの手元には100万円がありませんでした。

もしも、Bさんに収入がなくて、いくら待っても100万円を用意できそうにないのであれば、Aさんは、代金の支払を猶予せず、そもそも自動車をBさんに売らないでしょう。このようなBさんには信用がないわけです。これに対して、Bさんに収入があって、1か月待てば100万円を用意できるのであれば、Aさんは、代金の支払を1か月猶予して自動車を売ることができます。このようなBさんには信用があるわけです。

さて、自動車を売った場合、Aさんは、Bさんに対して100万円の代金債権をもっています。このとき、Aさんは、Bさんから「1か月後に100万円を支払います」ということを約束した手形を発行してもらうことがあります。これが約束手形です。手形を発行することを振出といいます。この場合の「1か月後」という支払期限を満期といいます。

100万円の約束手形を振り出してもらったAさんは、約束手形をもったまま1か月間待てば、1か月経った時にBさんから100万円を受け取ることができます。また、約束手形は権利の流通促進のためにありますから、Aさんは、約束手形を第三者に売って現金に換えることもできます。たとえば、Aさんが約束手形をCさんに90万円で売ったとすると、Aさんは1か

178……第3章　有価証券法

月待たずに現金90万円を手に入れることができますし、Cさんは1か月待てばBさんから100万円払ってもらえるので10万円得することができます。

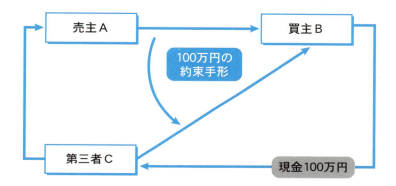

ここで、約束手形にどのようなことが書いてあるかみてみましょう。まず、約束手形というタイトルが書いてあります。

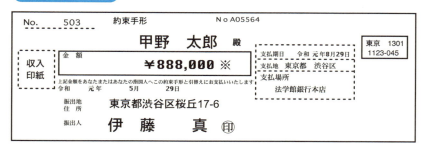

その下に甲野太郎殿と書いてあって、そこに金額、88万8000円と書いてあります。その下に小さな字で、「上記金額をあなたまたはあなたの指図

I 有価証券とは……179

人へこの約束手形と引替えにお支払いいたします」と書いてあります。要するに、この約束手形をもっている人に上記金額を支払いますよということを約束したものです。誰が約束したのかというと、伊藤真が約束したことになっています。こういう約束手形を伊藤真が甲野太郎さんに振り出したわけです。甲野太郎さんはこれを受け取った人なので、受取人といいます。振り出した人を振出人といいます。

このように、手形は、振出人が現金で支払ったりする代わりに、手形を振り出して、1か月後なり3か月後なりに請求されたときに支払います。したがって、1か月、3か月、支払を待ってもらっているのと同じ役目を

不渡処分の実務

手形・小切手取引で支払期日に現金の支払をしない場合、これを不渡りといいます。世間のイメージでは不渡りを出したことイコール倒産と考えがちですが、必ずしもそうではありません。

不渡りの原因の一番代表的なものは資金不足ですが、それ以外にも契約不履行や詐欺、紛失、盗難、手形の不備などさまざまな理由があります。手形が不渡りになると、支払銀行は不渡宣言とその原因を記載した付箋を手形面上に貼って、所持人に戻すことになります。この不渡原因の記載に資金不足とあれば、この会社は倒産の可能性が大だということになります。

さて、1回目の不渡りが出ると、手形交換所は不渡報告に記載します。これは全銀行に知られるので、要注意人物としてマークされることになります。そのため、銀行からの新規の融資は難しくなり、ただでさえ経営が苦しい会社は、1回目の不渡りで事実上、倒産へと運命づけられてしまうことが多いのです。

そして、1回目の不渡りから6か月の間に2回目の不渡りを出すと、銀行取引停止処分を受けることになります。このペナルティは手形交換所規則で定められています。この処分の結果、手形や小切手を振り出すことができなくなるばかりか、銀行から融資を受けることも不可能になるので、その企業はやがて倒産します。

果たします。そういう意味で信用授受の手段です。

手形が満期に支払われない状態を、不渡りといいます。この不渡りを6か月以内に2回してしまうと、銀行取引停止処分になります。要するに、銀行と取引してもらえなくなるわけです。銀行との取引ができないと、企業は事業の継続ができなくなってしまうので、このような状態を一般に倒産といいます。

銀行取引停止処分は振出人にとって非常に厳しいペナルティですから、振出人は、どうにかして手形の不渡りにならないように努力します。そのため、普通の債権よりも手形のほうが、支払が確実になるといえます。

(2) 為替手形

為替手形とは、金銭の支払を、自分に代わって他人に任せる手段として使われる手形です。

約束手形は、振出人が支払を約束する手形です。これに対して、為替手形は、振出人が自分以外の第三者（支払人）に支払を任せる手形です。一般的に、振出人と支払人との間にはお金のやり取りをする関係があるので、支払人に支払を任せることでまとめて清算するわけです。

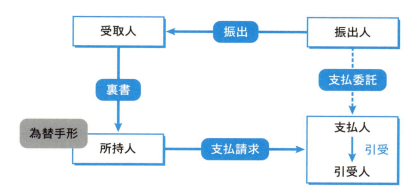

I 有価証券とは……181

これからする手形の説明は、約束手形を前提としています。ただ、手形法は、為替手形について1条から74条までに規定して、それらの規定を約束手形に準用するという形になっています。約束手形に関しては、為替手形の規定が多く準用されているということは知っておいてください。

(3) 小切手

　小切手とは、振出人が自分に代わって支払人に支払を任せる手段として使われる証券です。支払を他人に任せる点で、為替手形と共通しています。他方で、手形が主として信用を与える手段であるのに対して、小切手は支払の手段として使われる点が異なります。つまり、小切手は現金の代わりなのです。

　たとえば、AさんがBさんに土地を1億円で売ったとします。Bさんは1億円をもっていますが、現金で支払うのは重くて大変ですし、受け取るAさんも数えるのに苦労するでしょう。そこで、1億円の小切手を渡すことで、現金を渡した代わりにするわけです。小切手を受け取ったAさんは、その小切手を銀行に持って行けば、銀行が現金に換えてくれます。

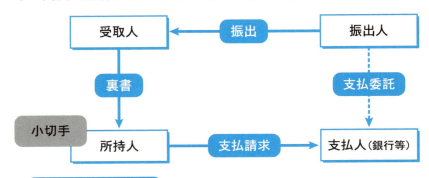

(4) その他の有価証券

　約束手形、為替手形、小切手は、いずれも金銭の支払請求権を表章した

有価証券です。有価証券のなかには金銭の支払請求権以外の債権を表章した有価証券もあります。たとえば、株式という権利を表章した有価証券のことを株券といいます。また、船に載せている荷物を引き渡してくれという権利を表章したものを船荷証券といいます。このように、金銭債権以外の権利も証券と結合して、有価証券になることがあります。特に株券については覚えておきましょう。

❹有価証券の性質

有価証券である手形・小切手には、①無因証券性、②設権証券性、③文言証券性、④要式証券性、⑤呈示証券性、⑥受戻証券性という6つの性質があります。これらの性質の意味について、1つひとつみていきましょう。

(1) 無因証券性

無因証券性とは、有価証券を振り出す原因となった原因関係が何らかの理由で無効になったとしても、有価証券上の権利は消滅しないということです。

原因関係とは、手形を振り出す原因になった法律関係のことをいいます。たとえば、AさんがBさんに自動車を100万円で売り、Bさんが売買代金の支払として100万円の約束手形を振り出しました。この場合、自動車の売買契約が「原因関係」です。これに対して、BさんがAさんに100万円の約束手形を振り出した部分を「手形関係」といいます。

このように、手形をめぐる法律関係は、原因関係と手形関係の2本立てになっています。そして、原因関係である売買契約が無効や取消しになったとしても、手形関係には影響しません。たとえば、自動車を受け取ったBさんが、「売買代金額を書き間違えた」と錯誤取消し（民法95条1項）を主張して、意思表示が取り消されたとします。このとき、100万円の手形の

I　有価証券とは……183

振出という手形関係は、原因関係である売買契約の取消しの影響を受けず、完全に有効のままだということです。それが無因証券性です。

どうして無因証券性が認められているかというと、有価証券が権利の流通を促進するためのものだからです。つまり、有価証券は、転々と流通することを念頭においてつくられているので、有価証券がすでに売主の手元を離れて第三者のもとにある可能性を考えなければなりません。第三者からすれば、自分の入手した有価証券が自分の知らない間に取り消された原因関係によって権利を失ってしまうとすれば、不安で有価証券を譲り受けることなどできないでしょう。そうなれば、権利の流通は促進できません。そこで、無因証券性を認めて、原因関係の存否、有効無効は有価証券上の権利に影響しないとすることで、有価証券所持人の権利を保護することにしたのです。

なお、無因証券性は、手形と小切手にはある性質ですが、それ以外の有価証券にはありません。このような有価証券を、有因証券といいます。

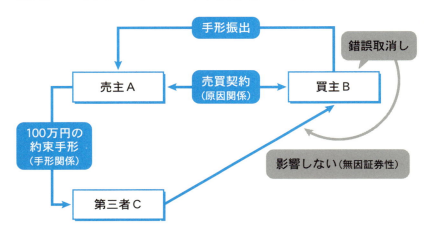

キーワード　錯誤取消し
意思表示が錯誤に基づくものであって、その錯誤が法律行為の目的及び取引上の社会通念に照らして重要なものであるときは、取り消すことができる。債権法改正により、錯誤の効果が「無効」から「取消し」に変更された。

(2) 設権証券性

設権証券性とは、有価証券が表章する権利は、証券を作成することによって初めて発生するということです。さきほども述べたとおり、原因関係と手形関係は別々の独立した法律関係です。そのため、手形関係を生じさせるには、有価証券の作成が必要なのです。

なお、設権証券性は、手形と小切手にはある性質ですが、それ以外の有価証券にはありません（非設権証券）。

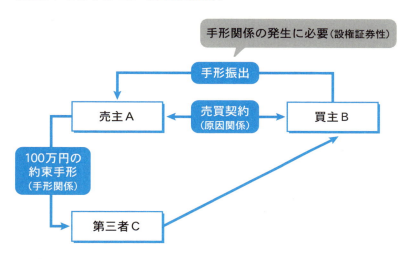

(3) 文言証券性

文言証券性とは、有価証券上の権利の内容が、原因関係ではなく、証券に書かれた内容によって決まるということです。

たとえば、100万円の自動車の売買代金の支払として振り出された約束手形であっても、証券に120万円と記載されていれば、手形上の権利は120万円になるということです。

さきほど述べた無因証券性からすると、有価証券上の権利の内容は、原

因関係から決めることができないため、証券の記載によって決めることになります。それが文言証券性です。有価証券を譲り受けた第三者からしても、有価証券に記載されている内容を信じて有価証券を譲り受けるわけですから、文言証券性は所持人の権利を保護することにつながります。

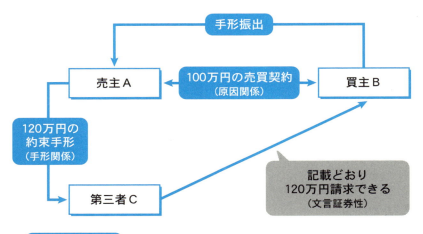

(4) 要式証券性

要式証券性とは、有価証券を作成するためには一定の事項について記載することが法律上要求されることをいいます。有価証券によって権利の流通を促進するためには、証券の記載内容が明確になっていることが必要であるため、証券の記載事項を法律できちんと決めておくこととしたのです。

特に、手形・小切手は、法律で決められた事項が書かれているだけではなく、余計なことを書いてはいけないという点でも、厳格な要式性をもっています。たとえば、自動車の売買代金の支払として振り出された約束手形に「自動車と引換えに支払う」といった条件が記載されていた場合、この条件は手形の支払を原因関係と結び付けてしまっているため、無因証券性と矛盾します。そのため、このような条件を記載した約束手形は、全体

が無効になってしまいます。

　約束手形に書くべき事項は、手形法75条に定められています。

> ▶▶▶**手形法第75条**
> 約束手形ニハ左ノ事項ヲ記載スベシ
> 一　証券ノ文言中ニ其ノ証券ノ作成ニ用フル語ヲ以テ記載スル
> 　　約束手形ナルコトヲ示ス文字
> 二　一定ノ金額ヲ支払フベキ旨ノ単純ナル約束
> 三　満期ノ表示
> 四　支払ヲ為スベキ地ノ表示
> 五　支払ヲ受ケ又ハ之ヲ受クル者ヲ指図スル者ノ名称
> 六　手形ヲ振出ス日及地ノ表示
> 七　手形ヲ振出ス者（振出人）ノ署名

　75条に「約束手形ニハ左ノ事項ヲ記載スベシ」とあり、1号は「証券ノ文言中ニ其ノ証券ノ作成ニ用フル語ヲ以テ記載スル約束手形ナルコトヲ示ス文字」と書いてあります。まず約束手形だということを示す文字を書かなければいけません。2号で「一定ノ金額ヲ支払フベキ旨ノ単純ナル約束」とあります。たとえば、「100万円支払います」という約束の言葉です。「単純ナル約束」というのは、一定の金額を支払うこと以外条件をつけてはならないということです。条件などついていたら支払がなされるか否かが不安定になり流通を阻害してしまいます。3号「満期ノ表示」。これは支払をなす期日です。4号「支払ヲ為スベキ地ノ表示」、これは満期において、手形金額が支払われるべき地域のことです。5号「支払ヲ受ケ又ハ之ヲ受クル者ヲ指図スル者ノ名称」、つまり誰が受け取るのかという受取人の名前です。6号「手形ヲ振出ス日及地ノ表示」、これは手形を振り出した日付とか振り出した場所です。7号「手形ヲ振出ス者ノ署名」、すなわち振出人の署名です。

Ⅰ　有価証券とは……187

約束手形要件(必要的記載事項)

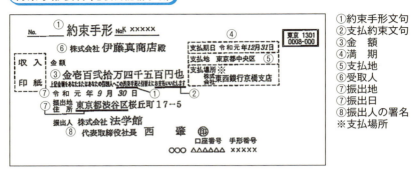

① 約束手形文句
② 支払約束文句
③ 金　　額
④ 満　　期
⑤ 支払地
⑥ 受取人
⑦ 振出地
⑦ 振出日
⑧ 振出人の署名
※支払場所

　また、一般に流通している統一手形用紙には、4号の支払地のほかに、支払場所という記載欄があります。支払場所は、手形法上、記載がなくても手形は有効であるものの、記載があれば手形上の効力が認められる事項（任意的記載事項）です。

(5) 呈示証券性

　呈示証券性とは、債権者が証券を示さないかぎり、債務者は支払をしなくてよいことをいいます。有価証券は流通するため、債務者に対して自身が権利者であることを証明するために、債権者は証券を呈示しなければならないとしたのです。

(6) 受戻証券性

　受戻証券性とは、債務者は証券と引換えでなければ支払をしなくてよいことをいいます。支払後も債権者のもとに有価証券が残っていると、債務者は再度支払を求められてしまうおそれがあるため、証券と引換えに支払をすることとしたのです。

キーワード　任意的記載事項
記載しないと手形が無効となるというものではないが、記載されれば手形上の効力が認められる事項。

Ⅱ　手形の振出

❶手形上の権利の発生から消滅まで

　ここからは、約束手形を例に、手形上の権利がどのように発生、移転し消滅していくかをお話します。

　すでに述べたとおり、手形法は、為替手形について１条から74条までに規定して、それらの規定を約束手形に準用するという形になっています（77条）。以下では、簡単に説明するために、手形法の条文を示すときに逐一77条を記載することは省略して、準用される為替手形の条文だけを示すことにします。

　▶▶▶手形法第77条
　①　左ノ事項ニ関スル為替手形ニ付テノ規定ハ約束手形ノ性質
　　　ニ反セザル限リ之ヲ約束手形ニ準用ス
　一　裏書（第十一条乃至第二十条）
　二　満期（第三十三条乃至第三十七条）
　三　支払（第三十八条乃至第四十二条）
　四　支払拒絶ニ因ル遡求（第四十三条乃至第五十条、第五十二
　　　条乃至第五十四条）
　五　参加支払（第五十五条、第五十九条乃至第六十三条）
　六　謄本（第六十七条及第六十八条）
　七　変造（第六十九条）
　八　時効（第七十条及第七十一条）
　九　休日、期間ノ計算及恩恵日ノ禁止（第七十二条乃至第七十
　　　四条）
　②　第三者方ニテ又ハ支払人ノ住所地ニ非ザル地ニ於テ支払ヲ
　　　為スベキ為替手形（第四条及第二十七条）、利息ノ約定（第五
　　　条）、支払金額ニ関スル記載ノ差異（第六条）、第七条ニ規定

Ⅱ　手形の振出……189

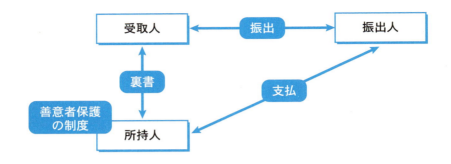

スル条件ノ下ニ為サレタル署名ノ効果、権限ナクシテ又ハ之ヲ超エテ為シタル者ノ署名ノ効果（第八条）及白地為替手形（第十条）ニ関スル規定モ亦之ヲ約束手形ニ準用ス
③　保証ニ関スル規定（第三十条乃至第三十二条）モ亦之ヲ約束手形ニ準用ス第三十一条末項ノ場合ニ於テ何人ノ為ニ保証ヲ為シタルカヲ表示セザルトキハ約束手形ノ振出人ノ為ニ之ヲ為シタルモノト看做ス

　手形上の権利は、手形を振り出すことで発生します。約束手形の紙片にどのような事項を記載し、どのような事項を記載してはならないかは、要式証券性のところで説明したとおりです。

　有効に作成された約束手形は、第三者に譲渡されることがあります。手形上の権利を移転させることを裏書といいます。手形上の権利が移転していく過程で、実は譲渡人が無権利者であったり、原因関係が取り消されたなど振出人が支払を拒絶したくなる事由が生じたりすることがあります。このような場合に、事情を知らない所持人を保護するための制度（善意者保護の制度）があります。

　最終的に、振出人が手形上の債務を履行（支払）することで、手形上の権利が消滅します。

それぞれの過程について、どのようなことが問題となるかみていきましょう。

❷手形理論

まずは手形の振出です。手形が振り出される過程をもう少し細かく考えてみましょう。

ＡさんとＢさんが自動車を100万円で売買して、その支払を約束手形ですることにしました。Ｂさんが、まっさらな手形用紙に必要事項を記入していきます。手形用紙は紙の束になっていますから、記入が終わったＢさんは、ぴりっと１枚切り取って、Ａさんに手渡します。

このように、手形を振り出す過程というのは、用紙に必要事項を記入する過程（作成行為）と、作成した手形を手渡す行為（交付行為）の２段階になっています。

このとき、手形上の権利はどの時点で発生したのでしょうか。作成行為が終われば発生しているのか、それとも交付行為が終わって初めて発生するのかという問題です。

「ずいぶん細かいことを気にするな。どっちでもいいじゃないか」と思うかもしれません。しかし、次のような場合はどうでしょうか。

Ｂさんは、Ａさんに対する100万円の売買代金の支払のために、売買契約日の前にあらかじめＡさんに手渡すための約束手形を作成して準備していました。この時点では、手形の作成は終わっていますが、交付はされていないわけです。そうであるところ、泥棒ＣがＢさんの家にやってきて、交

付前の約束手形を盗んだうえ、受取人Ａさんから権利を譲り受けたかのように裏書を偽造して、何も知らないＤさんに90万円で譲渡してしまいました。このように、交付の部分が欠けてしまった場合を「交付欠缺」といいます。欠缺というのは、欠けているという意味です。

　Ｄさんは、何の問題もない手形だと思っているわけですから、当然、Ｂさんに約束手形を呈示して「100万円を払ってください」と言うわけです。しかし、Ｂさんは「それは盗まれた手形だから、支払いません」と言いたいでしょう。

　手形上の権利は交付行為が終わって初めて発生すると考えれば、交付前の約束手形は権利の結合していないただの紙切れですから、Ｂさんは支払を拒絶できそうです。しかし、そうなると、何の問題もない手形だと思っていたＤさんは困ってしまいます。90万円も支払って譲り受けた約束手形が、０円の紙切れになってしまうのですから。そこで、手形上の権利がどの時点で発生するのかが問題となるわけです。

　もちろん、悪いのは泥棒Ｃです。しかし、泥棒はどこかへ逃げてしまっていたり、見つけられても弁償するお金がなかったりして、責任を取れないことがほとんどです。そのため、誰がそのしわ寄せを受けるのかを考えなければなりません。

　このように、手形上の権利がどの段階で発生するのかに関する考え方を「手形理論」といいます。手形理論にはさまざまな考え方がありますが、ここでは、手形上の権利は交付という方式によってなされる契約によって発生すると考えておきましょう。このような考え方を交付契約説といいます。

　交付契約説によると、交付前の約束手形は権利の結合していないただの紙切れということになります。では、何の問題もない手形だと思っていたＤさんが保護される余地はないのでしょうか。たとえば、Ｂさんが交付前の約束手形をきちんと保管していなかったなどの落ち度があるような場合

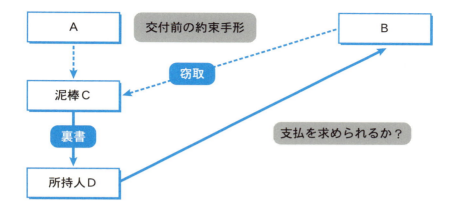

には、Dさんを保護してあげないとかわいそうです。

そこで、学説は、権利外観法理の考え方を使って、所持人が保護される余地を認めています。

❸手形行為

手形の振出や裏書など、手形上の法律関係の発生や変更を生じさせる手形上の法律行為を手形行為といいます。

手形行為も法律行為なので、その効力が発生するためには有効な意思表示が必要になります。たとえば、通謀虚偽表示によって手形が交付された場合には無効（民法94条1項）となり、錯誤や詐欺によって手形が交付された場合には取り消しうる（95条1項、96条1項）と考えることになりそうです。

しかし、手形上の権利の流通促進という観点からは、手形の記載からはわからない当事者の意思表示の瑕疵や不存在が手形上の権利の有無に影響してしまうのは適当ではありません。

さまざまな考え方があるところですが、ここでは、取引の安全を重視し

> **キーワード　権利外観法理**
> 手形債務が有効に成立しない場合であっても、有効な手形債務が成立したかのような外観が存在するときは、その外観作出に帰責性が認められる者は、この外観を信頼して取得した第三者に対し、外観どおりの手形債務を負うとする理論。

て、意思表示の瑕疵や不存在に関する民法の規定（民法93条から96条まで）は、手形行為には適用されないと考えておきましょう（適用排除説）。

Ⅲ　手形の譲渡方法——裏書

　手形の受取人は、満期日の到来を待って自分で振出人から手形金を取り立てるほかに、満期日までにその手形を他人に譲渡してしまうことができます。当然満額では譲渡できないでしょうが、当座の現金を得るための方法としては有効です。この方法によって手形が流通することこそ、手形の本質的な機能といえるでしょう。そのためにも譲渡がスムーズに行われなければ、手形の機能が果たされません。そこで、裏書という特別な方法で譲渡を行うことにして、民法上の債権譲渡に比べてその譲渡方法を簡易にし、かつ、譲渡の効力を強化しています。

❶裏書の方式

　手形は、裏面に、いつ、だれがだれに対して権利を移転させたかを書くことによって譲渡できます（13条）。そのため、これを裏書といいます。

　次ページの図中にある裏書人とは、手形上の権利を譲渡する者です。被裏書人とは、手形上の権利を譲り受ける者です。最初の裏書人から最後の被裏書人までの名前が繋がっていることを裏書の連続といいます。

❷裏書の効力

　裏書によって手形上の権利を譲渡すると、①権利移転的効力、②担保的効力、③資格授与的効力という3つの効力が生じます。

（1）権利移転的効力

　権利移転的効力とは、裏書によって手形上の権利がすべて被裏書人に移転するということです。

```
表示金額を下記被裏書人またはその指図人へお支払いください
              令和 1 年 7 月 1 日
                              拒絶証書不要
住所  愛知県名古屋市中村区椿町1-16

(目的)        甲野  太郎 ㊞

被裏書人        乙野  次郎  殿

表示金額を下記被裏書人またはその指図人へお支払いください
              令和 2 年 1 月 15 日
                              拒絶証書不要
住所  大阪府大阪市北区芝田2-7-18

(目的)        乙野  次郎 ㊞

被裏書人        丙野  三郎  殿

表示金額を下記被裏書人またはその指図人へお支払いください
              令和  年  月  日
                              拒絶証書不要

(目的)

被裏書人                    殿

表示金額を下記被裏書人またはその指図人へお支払いください
              令和  年  月  日
                              拒絶証書不要

(目的)

被裏書人                    殿
```

(2) 担保的効力

　担保的効力とは、裏書人が、裏書によって、被裏書人およびその後のすべての譲受人に対して手形金の支払を担保する責任を負わされることをいいます（15条1項）。どういうことかというと、振出人が呈示期間内に手形を呈示されたにもかかわらず支払わなかった場合には、裏書人が自分の譲渡の相手方、およびそれより以降のそのほかの譲受人に対してみずからその手形上の債務を負うということです。振出人の支払を担保するものであ

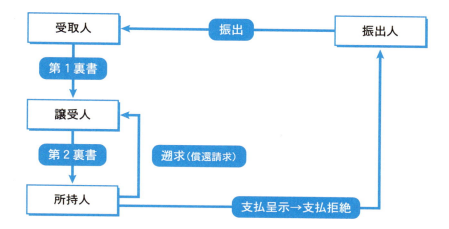

って担保責任とよばれ、裏書のこの効力を担保的効力といいます。そして、この裏書人の手形上の債務を遡求義務あるいは償還義務といいます。

担保的効力によって、譲受人は、万が一、振出人が支払ってくれなくても、譲渡人（裏書人）に対して支払を請求できるので、安心して手形を譲り受けることができ、手形の流通が促進されるわけです。

(3) 資格授与的効力

資格授与的効力とは、手形上に被裏書人として記載された者は、その裏書によって権利を取得したものと推定される効果が認められることをいいます。

裏書の記載があっても、その原因となる移転行為が有効とは限りませんし、もしかしたら手形を盗んだだれかが勝手に書いているだけかもしれません。しかし、そのような事態はめったになく、普通はきちんと裏書のとおりに権利が移転しているといえます。そこで、裏書には資格授与的効力が認められています。

回り手形

　手形はもともと裏書譲渡されて転々流通することを予定しているものですが、実務では必ずしもそうとはいえません。実際、多数人の間で裏書譲渡された手形は、回り手形と呼ばれて警戒されることになります。これはなぜでしょうか。

　たしかに、裏書人が多い手形は、振出人が支払えない場合でもそれだけ多くの人に請求できるというメリットがあります。しかし、十分に信用のおける人が振出人もしくは裏書人になっていれば、裏書譲渡するのでは

なく、銀行に持って行って割り引いてもらえばいいはずです。つまり、次々と多数の人に裏書きされていくような手形は、信用がなく銀行で割り引くあてがないため、自分が損をしないようババ抜きのように回されていく場合が多いのです。なかには、振出人が不渡りを出して倒産したことにより、裏書人全員が連鎖倒産してしまうケースもあるほどです。

　ですから、裏書人の多い手形を取得するときには、十分注意しなければなりません。

　裏書の連続した手形の所持人は、権利行使の際に権利者と推定されます（16条1項1文）。これは、1つひとつの裏書の資格授与的効力が集積したことによる効力であり、裏書の連続の資格授与的効力といいます。裏書の連続した手形の所持人は権利者である可能性が非常に高いといえるので、たとえば、裏書の連続した手形を譲り受ける場合には、後で説明する善意取得による保護を受けることができます。

198……第3章　有価証券法

Ⅳ　善意者保護の制度

　次に善意者保護の制度についてみてみましょう。

　手形上の権利は、振出によって発生し、裏書によって移転し、支払われることで消滅します。ここでは、この流れに従って、裏書の場面で善意者を保護する制度である善意取得と、支払を請求されても拒むことができる事由である手形抗弁（特に人的抗弁の切断）について説明します。

❶善意取得

　善意取得とは、裏書によって善意無重過失で手形を取得した者は、その裏書が法律行為として無効であっても、手形上の権利を取得することをいいます。善意取得は、裏書の場面で、裏書人が無権利者である（真の権利者が他にいる）場合に、そのことを知らずに被裏書人となった者に権利の取得を認める制度です。

　本来であれば、裏書人が無権利者であれば、無権利者から権利を譲り受けることはできないので、被裏書人が権利を取得することもありません。しかし、現に裏書人が手形を所持しており、その手形の裏書が連続しているのであれば、裏書人を真の権利者と誤信して被裏書人となっても非難はできないでしょう。むしろ、手形の流通を促進するためには、このような善意者を保護すべきといえます。そこで、このような場面で善意者を保護するために善意取得が認められています。

　16条をみてみましょう。

> ▶▶▶手形法第16条
> ①　為替手形ノ占有者ガ裏書ノ連続ニ依リ其ノ権利ヲ証明スル
> 　　トキハ之ヲ適法ノ所持人ト看做ス最後ノ裏書ガ白地式ナル場

キーワード　善意取得

譲渡人が裏書の連続する手形の所持人であるときは、この者の権利者としての外観を信じて譲り受けた者は、手形上の権利を取得し、反面真の権利者は権利を失う（手形法16条2項）。これは、動産の即時取得（民法192条）と似ているが、要件の点で、動産の場合には過失があると認められないのに対して、手形の場合には重過失がなけれ

Ⅳ　善意者保護の制度……199

合ト雖モ亦同ジ抹消シタル裏書ハ此ノ関係ニ於テハ之ヲ記載
セザルモノト看做ス白地式裏書ニ次デ他ノ裏書アルトキハ其
ノ裏書ヲ為シタル者ハ白地式裏書ニ因リテ手形ヲ取得シタル
モノト看做ス
② 事由ノ何タルヲ問ハズ為替手形ノ占有ヲ失ヒタル者アル場
合ニ於テ所持人ガ前項ノ規定ニ依リ其ノ権利ヲ証明スルトキ
ハ手形ヲ返還スル義務ヲ負フコトナシ但シ所持人ガ悪意又ハ
重大ナル過失ニ因リ之ヲ取得シタルトキハ此ノ限ニ在ラズ

まず1項からみてみると、「為替手形ノ占有者ガ裏書ノ連続ニ依リ其ノ

手形の盗難・紛失

手形を紛失したり、盗難にあったりしたときには、すぐに銀行に連絡し、手形金の支払いをストップしてもらいます。それと同時に警察にも被害届を出します。ですが、第三者が紛失や盗難などの事故にあった手形だと知らずに譲渡を受けると、善意取得されてしまい、なくした人は権利を失うことになります。これを防ぐためには、なくした手形を無効にしておくことが必要になります。そのための制度が裁判所による除権決定です。

除権決定を得るためには、簡易裁判所に公示催告の申立てをしなければなりません。これは、当該手形を所持している人は期日までに届け出るよう裁判所の掲示板や官報で告知し、届出がないときには無効にするという手続です。この告知期間は少なくとも2か月間なければなりません。もしこの期間内に届出があったときには公示催告手続はストップし、旧所持人と現在の所持人との間でどちらが権利を有しているか争われることとなります。また、届出がなかったときには、公示催告を申し立てた旧所持人が裁判所に除権決定の申立を行うことになります。

さて、除権決定がなされると手形は無効となり、ただの紙切れになってしまいます。たとえ除権決定後にこれを取得する者が出てきても、もはや手形ではありませんから、権利を取得することはありません。

また、旧所持者たる申立人は、手形がなくてもお金を請求することができるようになります。

ば善意取得が認められ、効果の点で、盗品・遺失品に関する制約（民法193条、194条）がないという差異がある。

権利ヲ証明スルトキハ……」と書いてあります。前述したように、裏書人の名前がずっと間断なく続いていることを裏書の連続といいます。2項では、そういう状態のときに「事由ノ何タルヲ問ハズ為替手形ノ占有ヲ失ヒタル者アル場合ニ於テ所持人ガ前項ノ規定ニ依リ」、すなわち裏書が連続していますよということで権利を証明するときは、手形を返す必要がないといっています。つまり、裏書が連続している手形を受け取った場合には、手形をなくした人、盗まれた被害者から手形を返してくださいといわれても、返す必要がない、すなわち手形上の権利を取得できるということをいっています。「但シ所持人ガ悪意又ハ重大ナル過失ニ因リ之ヲ取得シタルトキハ此ノ限ニ在ラズ」とあります。つまり、悪意重過失で無権利者から手形を取得した場合には保護されません。裏を返せば、善意、無重過失の所持人は保護されることになります。

❷手形抗弁

手形抗弁とは、債務者が手形上の権利行使に対して、その権利行使を拒むために主張できる一切の事由をいいます。手形抗弁は、物的抗弁と人的抗弁に分けられます。

物的抗弁とは、手形上の権利行使を受けた者が、すべての手形所持人に対して主張できる抗弁をいいます。たとえば、手形上の記載に不備がある場合があげられます。記載に不備がある手形であれば、だれが請求してきても拒絶できるということです。

人的抗弁とは、手形上の権利行使を受けた者が、特定の手形所持人に対してのみ主張できる抗弁をいいます。たとえば、原因関係が無効であったり取消しや解除をされたりした場合があげられます。無因証券性を貫くと、原因関係が消滅しても手形関係には影響しないはずです。しかし、たとえば原因関係の当事者間でも無因証券性を貫くとすると、手形上の権利行使を認めても原因関係上は不当利得となるため、利得を返還しなければなら

Ⅳ　善意者保護の制度……201

なくなり迂遠です。そこで、このように不当利得となる当事者間では、無因証券性は貫徹されず、原因関係上の抗弁を主張することができると考えられています。

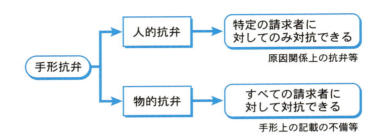

　それでは、手形抗弁の話を前提にして、次に善意者保護の制度である人的抗弁の切断についてみてみましょう。

　たとえば、買主Aが売買代金支払のために売主Bを受取人として手形を振り出したが、BがAに売買の目的物を交付しないため、Aがこの売買契約を解除したという事情が存在するとします。この場合に、Bが手形を所持しているときには、AはBの手形金支払請求を拒むことができます。ところが、AB間の事情を知らないでBから手形の裏書譲渡を受けたCが手形を所持しているときには、Aは、Cに対しては、Bとの売買契約を解除したことを理由に、手形金の支払を拒むことができません。このことを人的抗弁の主張制限、または人的抗弁の切断といいます。

キーワード 人的抗弁の切断
当事者間の特約に基づく抗弁や、当事者間において原因関係が無効・取消・解除・不存在などによって消滅したという抗弁、また同時履行の抗弁、さらには、反対債権を有しているのでそれと相殺するというような抗弁は、当事者間では対抗できるとしても、かかる抗弁について善意の第三者との関係では対抗できないことをいう。

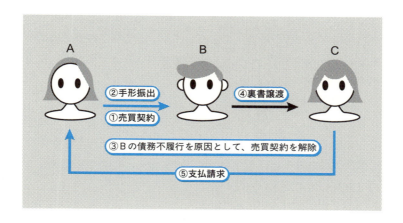

　さきほど説明したとおり、原因関係を解除した当事者間では、人的抗弁を対抗できるわけです。しかし、人的抗弁を対抗される地位にある手形所持人が、その手形を第三者に裏書譲渡してしまった場合は話が変わってきます。手形の譲受人Cは、手形を譲り受けるにあたって、AB間の原因関係が解除されたことを知ることができないのが普通です。そうであれば、人的抗弁の存在を知らずに手形を譲り受けた者に対しては人的抗弁を対抗できないこととして、第三者を保護するべきといえるでしょう。これが人的抗弁の切断です。

　手形の裏書は、もともと手形上の権利を移転するためになされます。いわゆる債権譲渡です。皆さんは、すでに勉強していると思いますが、民法においては債権が譲渡されると、その債権に付着する抗弁も債権と一緒に移転します。民法468条1項です。したがって、債権の譲受人は債務者から抗弁を対抗されることになります。しかし、手形は転々流通することが予定されていますから、もしこの民法の原則が適用されるとすると、多くの人の手を渡ってきた手形であればあるほど、抗弁を対抗される可能性が

Ⅳ　善意者保護の制度……203

高くなることになります。これでは、手形の流通を確保しようという手形制度の目的は実現できなくなってしまいます。そこで、17条は人的抗弁の切断を定めているのです。つまり、人的抗弁の切断は手形取引の安全を図るための制度なのです。

では、17条をみてください。

前にもみたように、このあたりは為替手形の条文ですから「為替手形ニ依リ」と書いてありますので、わかりにくくなっています。しかも、為替手形の振出人は裏書人と同じ立場です。ですから、ここで振出人と書いてあるのは無視してください。

▶▶▶**手形法第17条**
 為替手形ニ依リ請求ヲ受ケタル者ハ振出人其ノ他所持人ノ前者
ニ対スル人的関係ニ基ク抗弁ヲ以テ所持人ニ対抗スルコトヲ得ズ
但シ所持人ガ其ノ債務者ヲ害スルコトヲ知リテ手形ヲ取得シタル
トキハ此ノ限ニ在ラズ

為替手形を約束手形と読み替えますと、「約束手形により請求を受けたる者は振出人（これは無視してください）その他所持人の前者に対する人的関係にもとづく抗弁をもって所持人に対抗することができない」と書いてあります。頭の中で図を思い浮かべられますか。請求を受けたＡさんは、所持人Ｃの前者、すなわちＢに対する人的関係に基づく抗弁をもって、所持人たるＣには対抗できないといっているわけです。これはまさに人的抗弁の切断のことをいっています。「但シ所持人ガ其ノ債務者ヲ害スルコトヲ知リテ手形ヲ取得シタルトキハ此ノ限ニ在ラズ」というわけで、Ｃが害意あるときにはこのかぎりではありませんよといっています。つまり、害意あるときには人的抗弁は切断されず、人的抗弁の対抗を受けてしまいます。

キーワード「債務者ヲ害スルコトヲ知リテ」（害意）の意義
害意の意義については争いがあるものの、通説は、所持人が手形の取得にあたり、満期または権利行使の時において、債務者が所持人の前者に対し抗弁を主張することが確実であるとの認識を有している場合と解している（河本フォーミュラ）。

204……第3章　有価証券法

Ⅴ　支払

　最後に、支払の段階についてみてみましょう。

　手形の所持人は、満期になれば、手形債務者に対して手形を呈示し支払いを求めます。これを支払呈示といいます。支払呈示を受けた手形債務者は、手形所持人に対して手形を支払うことで、手形債務を消滅させることになります。

　しかし、振出人が満期に手形金を支払う場合にも、善意取得と同様の問題があります。すなわち、手形上の権利者であるといって手形を呈示した者が本当の権利者でなかった場合、どうなるかという問題です。たとえば、手形を盗んだ泥棒が振出人のところへやってきて、このとおり私は手形を持っていますから支払ってくださいといってきました。さて、振出人としては、所持人が泥棒かどうかを確かめて払わなければいけないということになると、これはなかなか面倒で大変です。自分が振り出したきちんとした手形を持って来たのだから、つい支払ってしまうわけです。

　本来債務は真実の債権者に対して履行しなければなりませんから、無権利者に弁済したとしても、法律上、債務は消滅しないはずです。しかし、権利者かどうか調査しなくても善意でかつ重過失がなければ有効な支払になるとしておけば、手形債務者は安心して手形所持人に支払ができます。

　民法でも、受領権者としての外観を有する者に対して善意無過失で弁済した場合には、弁済の効力が認められます（民法478条）。手形法は、これを更に進めて善意無重過失でも免責を認めることにしたのです。このように、支払者の免責を広く認めることは、支払いの確実性を高めることにつながり、ひいては手形の流通促進に役立つことになります。

　40条3項をみてください。

Ⅴ　支払……205

▶▶▶手形法第40条３項

〈①② 略〉

③ 満期ニ於テ支払ヲ為ス者ハ悪意又ハ重大ナル過失ナキ限リ
其ノ責ヲ免ル此ノ者ハ裏書ノ連続ノ整否ヲ調査スル義務アル
モ裏書人ノ署名ヲ調査スル義務ナシ

　「満期ニ於テ支払ヲ為ス者ハ悪意又ハ重大ナル過失ナキ限リ其ノ責ヲ免
ル」、これが支払免責の規定になります。

Ⅵ　まとめ

　有価証券のうち約束手形を中心に手形法の制度をお話してきました。有価証券とは、財産的価値ある私権を表章する証券で、権利が証券に結合しているという点に特色があります。有価証券の典型のひとつとして約束手形があります。約束手形を転々流通させることを目的とし、それを促進するため法の用意した仕組みを解説してきました。

　手形の振出のところでの無因性、設権証券性、文言性、要式性、裏書の方式・効力——①権利移転的効力、②担保的効力、③資格授与的効力——、裏書の連続の効果、善意者保護の制度としての人的抗弁の切断、善意取得、そして支払免責の制度、——これらすべてが、手形の流通促進のために用意されている制度です。

　権利を証券に結合させることで、その権利を流通させることを可能にし、さらには、その流通を促進させるために上記のような各制度が用意されているということを押えておけば、それぞれの制度も理解しやすいと思います。

　ここでは、手形の実務には触れることができませんでしたが、理論的な枠組みは押えてもらえたと思います。これを前提に実務書へ進まれると、実務での取扱いについての理解も更に深まると思います。

理解度クイズ③

1 有価証券の定義で誤っている部分はどれか。

財産的価値（①）ある私権を表章する証券（②）で、権利の発生および消滅（③）が証券によってなされるものをいう。

2 次のうち、手形行為の性質としてふさわしくないものはどれか。

① 文言性

② 無因性

③ 要式性

④ 文書性

3 AがBに売買代金の支払のために約束手形を振り出したが、BがAに目的物を引き渡さない。Bから善意で裏書を受けたCがAに手形金の請求した場合に適切なものは次のうちのどれか。

① AはCの請求を拒める

② AはCが善意取得していない限り、支払を拒むことができる

③ Cは善意なのでAはCに人的抗弁を対抗できず、Aは支払わなければならない

④ Aが支払っても本来無効だが、Aは支払免責を受けうる

4 手形理論における交付契約説の内容として適切なものはどれか。

① 手形行為の成立には手形の作成だけでは足りない

② 手形行為の成立には手形の交付も必要だが、それは単独行為である

③ 手形行為は手形の作成によって成立する

※解答は巻末

······あとがき

　これまでの解説では、なるべく登場人物の気持ちになって、いろいろな制度や問題点を考えてきました。会社法、手形法・小切手法を含めて、商法の目的は、これらの利害関係人の対立利益をいかに調整していくかということだからです。

　そして、商法は、民法と違って登場人物が多いのが特徴です。たとえば、会社でも株主が出てきたり、取引の相手方が出てきたり、会社自身が出てきたり、取締役が出てきたり、一般大衆みたいな人たちが出てきたり、会社を取り巻くさまざまな利害関係人が出てきます。民法の世界だと売主や買主、貸主や借主など、せいぜい2人、3人くらいですみました。ところが、商法の世界だと最低でも5人くらい出てきたりします。そうすると、会社を取り巻くさまざまな利害関係人の利益をどう調整するのがもっとも適切なのだろうかということがもっとも大切な事柄になるのです。

　商法の目的は企業の健全な発展です。その健全な発展のために、どうやって利害関係人の利益を調整したらいいのでしょうか。会社法の場合には、株主とか会社債権者の保護をいかに図っていくのかということを考えます。手形法の場合には、特に手形の所持人の保護を重視します。

　商法は非常に範囲が広くて、複雑ですから、最初のうちは形が見えにくいだろうと思います。でも、それはあまり気にしないでいてください。重要なところとして、会社法でいえば株式と間接有限責任、その骨格さえイメージがもてればそれで十分です。

　商法総則では、支配人と商業登記が大切です。商行為のところでは民法とは違う特則がいろいろ定められています。その特則が適用されるかどうかは商人なのか商行為なのかによって区別されるので、商人とは何か、商

行為とは何かということを理解しておかなければいけません。

　以上のことを自分なりに説明できるようになったのなら、とりあえず商法の大まかな概略は理解したと思ってよいでしょう。

　手形については振出、裏書、支払という流れと特に手形取引の安全のためにいろいろと手を打っているんだなということを大まかにとらえておいてください。

　このあと、各種基本書や専門書等で各自の必要とする知識を修得していってください。重要なことは、今、自分が商法の中のどの部分を学習しているかを常に意識して、全体像を見失わないようにすることです。そして、条文を見たときになぜそのような条文が規定されたのか、その趣旨を考えるクセをつけるといいと思います。法律の学習は、ある程度の基礎ができたら、自分の頭で考えるということがもっとも大切だからです。

　それでは頑張ってください。

【理解度クイズ①解答】

1 ③

2 ②

3 ③

4 ②

【理解度クイズ③解答】

1 ③

2 ④

3 ③

4 ①

【理解度クイズ②解答】

1 ②

2 ①

3 ②

4 ②

5 ③

【理解度クイズ④解答】

1 ②

2 ②

3 ②

4 ①

理解度クイズ解答……211

伊藤　真（いとう・まこと）

[略歴]
1958年　東京生まれ。1981年　司法試験に合格後、司法試験等の受験指導に携わる。
1982年　東京大学法学部卒業後、司法研修所入所。1984年　弁護士登録。
1995年　15年間の司法試験等の受験指導のキャリアを活かし、合格後、どのような法律家になるかを視野に入れた受験指導を理念とする「伊藤真の司法試験塾」（その後、「伊藤塾」に改称）を開塾。
　　　　伊藤塾以外でも、大学での講義（慶應義塾大学大学院講師を務める）、代々木ゼミナールの教養講座講師、日経ビジネススクール講師、全国各地の司法書士会、税理士会、行政書士会等の研修講師も務める。
　　　　現在は、予備試験を含む司法試験や法科大学院入試のみならず、法律科目のある資格試験や公務員試験を目指す人達の受験指導を積極的にしつつ、「一人一票実現国民会議」および「安保法制違憲訴訟の会」の発起人となり、社会的問題にも取り組んでいる。
　　　　（一人一票実現国民会議 URL：https://www2.ippyo.org/）

[主な著書]
『伊藤真の入門シリーズ「憲法」ほか』（全8巻、日本評論社）
　＊伊藤真の入門シリーズ第3版（全6巻）は韓国版もある。
『伊藤真試験対策講座』（全15巻、弘文堂）、『中高生のための憲法教室』（岩波ジュニア新書）、『なりたくない人のための裁判員入門』（幻冬舎新書）、『夢をかなえる勉強法』（サンマーク出版）、『憲法問題』（PHP新書）、『憲法は誰のもの？』（岩波ブックレット）等多数。

伊藤塾　　東京都渋谷区桜丘町17-5　03(3780)1717
　　　　　https://www.itojuku.co.jp/

伊藤　真の会社法 入門──講義再現版

●──2019年10月5日　第1版第1刷発行

著　者──伊藤　真
発行所──株式会社　日本評論社
　　　　　〒170-8474　東京都豊島区南大塚3-12-4
　　　　　電話03-3987-8621（販売）──8592（編集）　振替 00100-3-16
印刷所──精文堂印刷株式会社
製本所──株式会社難波製本
検印省略 © M. ITOH 2019
装幀／清水良洋　カバーイラスト・本文イラスト・図／佐の佳子
Printed in Japan
ISBN 978-4-535-52449-1

JCOPY 〈(社)出版者著作権管理機構 委託出版物〉
本書の無断複写は著作権法上での例外を除き禁じられています。複写される場合は、そのつど事前に、(社)出版者著作権管理機構（電話 03-5244-5088、FAX 03-5244-5089、e-mail：info@jcopy.or.jp）の許諾を得てください。また、本書を代行業者等の第三者に依頼してスキャニング等の行為によりデジタル化することは、個人の家庭内の利用であっても、一切認められておりません。

「伊藤塾」塾長

伊藤真の法律入門シリーズ

司法試験受験指導で著名な著者が、初めて書き下ろした画期的な法律入門書。司法試験受験生はもちろん、法律学を学ぼうとする人すべてに贈る。読みながら著者の熱意ある講義を体感できる新しいスタイル。　　※すべてA5判

伊藤 真の 法学入門
【補訂版】講義再現版

伊藤 真／著　ISBN978-4-535-52259-6
「法学を学ぶ意義」、「法とは何か」など法学学習の神髄をわかりやすくかつ熱意をこめて語る。
◆本体1500円＋税／好評発売中

伊藤 真の 憲法入門
【第6版】講義再現版

伊藤 真／著　ISBN978-4-535-52304-3
安保関連法制、9条「改正」の動きがある憲法状況を踏まえ、日本国憲法の核心の基本原理と理念を、具体的事例を織り込みながら解説。◆本体1700円＋税／好評発売中

伊藤 真の 行政法入門
【第2版】講義再現版

伊藤 真／著　ISBN978-4-535-52119-3
行政に関わる法律の全体像と趣旨を簡潔に解説。最新の法改正や判例を踏まえて改訂。
◆本体1700円＋税／好評発売中

伊藤 真の 民法入門
【第6版】講義再現版

伊藤 真／著　ISBN978-4-535-52305-0
2017 年通常国会で成立した民法改正を踏まえて、第 5 版以降の民法に関する必要な情報も織り込んだ最新改訂版。
◆本体1700円＋税／好評発売中

伊藤 真の 刑法入門
【第6版】講義再現版

伊藤 真／著　ISBN978-4-535-52342-5
2017年の刑法改正箇所の解説も加え、刑法全般にわたり全体像と基本概念、基礎知識をわかりやすく解説。
◆本体1700円＋税／好評発売中

伊藤 真の 会社法入門
講義再現版

伊藤 真／著　ISBN978-4-535-52449-1
資格試験や会社において必要不可欠な会社法の全体像を丁寧かつわかりやすく解説。『商法入門』の後継書。
◆本体1700円＋税／好評発売中

伊藤 真の 民事訴訟法入門
【第5版】講義再現版

伊藤 真／著　ISBN978-4-535-52164-3
複雑な手続の流れと基礎知識を丁寧に解説した定番入門書の最新版。資格試験受験者、法律実務家、トラブルに巻き込まれた人も必読の書。◆本体1700円＋税／好評発売中

伊藤 真の 刑事訴訟法入門
【第5版】講義再現版

伊藤 真／著　ISBN978-4-535-52163-6
いち早く平成28年刑訴法改正の解説を織り込んだ改訂版。新しい刑訴法の重要問題もコラムでわかりやすく解説。
◆本体1700円＋税／好評発売中

本シリーズは電子書籍（kindle版）もあります。

日本評論社
https://www.nippyo.co.jp/

※表示価格は本体価格です。別途消費税がかかります。